In Their Own Words

In Their Own Words

Working Women of Yogyakarta

Jessica Wright

Published by

MONASH
ASIA
INSTITUTE

Published by
Monash Asia Institute
Centre of Southeast Asian Studies
Monash University
Clayton, VIC 3168
Australia

National Library of Australia Cataloguing-in-Publication Data:

Wright, Jessica, 1971-
In their own words: working women of Yogyakarta

Bibliography
ISBN 0 7326 1143 1
ISSN 0727 6680

1. Women - Employment - Indonesia. 2. Women in development - Indonesia. I. Monash University. Monash Asia Institute. II. Title. (Series: Monash papers on Southeast Asia; no. 42).

331.409598

For information on other publications, write to:
The Publications Officer
Monash Asia Institute
Monash University
Clayton, VIC 3168
Australia

Jessica Wright spent 1992–93 living in Yogyakarta enrolled as an undergraduate student at Universitas Gadjah Mada where she studied Javanese, Anthropology, Indonesian Literature, History and Politics. After graduating from Monash University in 1994, Jessica returned to Indonesia as a volunteer under the Australian Volunteers Abroad scheme, working with a women's cooperative.

At present, she is employed by the Victoria Department of Education as a Project Officer for the Primary Access to Languages via Satelite Project (PALS). This project involves the teaching of Indonesian to Australian primary school students, via live interactive Indonesian language television broadcasts. She also lectures part-time in Indonesian language at the University of Melbourne.

Contents

Acknowledgments

There are a number of people I would like to thank for their assistance in the writing of this book. Thank you to Dr Barbara Hatley for four years of helpful advice and encouragement. Thank you to my family and fiends for thier love and support, especially during the last six months of the writing of this work. Thank you also to all my friends at Pojok Gembira. To the people of Yogyakarta, I thank you for welcoming me into your homes and your hearts. And most importantly, I thank the women of Yogyakarta for their willingness and openness in sharing their experiences and aspirations.

Acronyms and Abbreviations

AKUB	*Akademi Uang dan Bank*, Academy of Banking and Finance.
Balita	*(anak) bawah lima tahun*, children under five years of age.
Balitbang	*Badan Penelitian dan Pengembangan*, Research and Development Board.
BPS	*Biro Pusat Statistik*, Central Bureau of Statistics.
DIY	*Daerah Istimewa Yogyakarta*, Special Region of Yogyakarta.
DPR	*Dewan Perwakilan Rakyat*, National People's Representative Assembly.
DPRD	*Dewan Perwakilan Rakyat Daerah*, People's Regional Representative Assembly at provinical, regional, or municipal level.
G30S	*Gerakan 30 September*, 30th September Movement, a revolutionary movement beleived to be responsible for the attempted coup in 1965, which led to massive political and social upheaval. Also known as *Gestapu*.
Golkar	*Golongan Karya*, Secretariat of Functional Groups, a political party established by the government for technocrats amd civil servants.
HISKI	*Himpunan Sarjana Kesusastraan Indonesia*, Association of Scholars of Indonesian Literature.
HWK	*Himpunan Wanita Karir*, Association of Career Women.
IKIP	*Institut Keguruan dan Ilmu Pendidikan*, Teachers' Training College.
Jv	Javanese language.
Kanwil	*kantor wilayah*, regional office.
KB	*Keluarga Berencana*, National Family Planning Program.

KP3Y — *Koperasi Produksi Pengusaha Perak Yogyakarta*, Yogyakarta Silver Producers' Cooperative.

KPAA — *Kursus Pendidikan Administrasi Atas*, Senior Administration Education Course, a training course which enables public servants to upgrade their qualifications.

KPBK — *Koperasi Perusahaan Blek Kota Gede*, Kota Gede Tin Producers' Cooperative.

LIPI — *Lembaga Ilmu Pengetahuan Indonesia*, Indonesian Institute of Social Sciences.

MILO — *MULO, Meer Uitgebreid Lager Onderwijs*, Dutch Secondary School of the colonial period, equivalent to *SMP*.

MIPA — *Matematika dan Ilmu Pengetahuan Alam*, Mathematics and Natural Sciences.

P dan K — *Departemen Pendidikan dan Kebudayaan*, Department of Education and Culture.

PDI — *Partai Demokrasi Indonesia*, Indonesian Democratic Party, created in 1973 from a number of Christian, Nationalist and Socialist political parties.

Perwanas — *Pergerakan Wanita Nasional Indonesia*, Indonesian National Women's Movement. Established in 1951 as *Wanita Demokrat Indonesia* (Democratic Women of Indonesia). It was later reformed in 1973 as *Pergerakan Wanita Nasional Indonesia*.

PHK — *Putusan Hubungan Kerja*, termination of employment, involuntary retrenchment.

PKK — *Pembinaan Kesejahteraan Keluarga*, Family Welfare Guidance Movement. A corporate style women's body set up by the New Order, also the government-sponsored Applied Family Welfare Program.

PML — *Pusat Musik Liturgi*, Liturgical Music Centre, associated with the Kota Baru Catholic church, Yogyakarta.

PNI   *Partai Nasional Indonesia*, Indonesian National Party. Established in 1927 and was amalgamated into the *PDI* in 1975.

Posyandu   *Pos Pelayan Terpadu*, Government-sponsored Integrated Village Health Service Posts, including cradle and preventative medicine programs for small children

PPDS   *Program Pendidikan Dokter Spesialis*, Specialist Doctor Training Program, equivalent to *S3*.

Puskat   *Pusat Kataketik*, Training college for teachers of religion, associated with the Kota Baru Catholic Church, Yogyakarta.

Puskesmas   *Pusat kesehatan masyarakat*, government subdisrict health centres.

RS   *Rumah Sakit*, Hospital.

RT   *Rukun Tetangga*, neighbourhood association, administrative unit formed from a number of *Dasa Wisma*. Also the head of such a unit.

RW   *Rukun Warga*, administrative unit consisting of several *RT*.

S1   *Stratum Satu*, Undergraduate Program.

S2   *Stratum Dua*, Master's Program.

S3   *Stratum Tiga*, Doctorate Program.

SD   *Sekolah Dasar*, primary school.

SGKP   *Sekolah Guru Kepandaian Putri*, home economics teachers' college, vocational school then eqivalent to *SMA*.

SIM   *Surat Ijin Mengemudi*, Driver's Licence.

SKKA   *Sekolah Kesejahteraan Keluarga Atas*, family welfare senior high school.

SKP   *Sekolah Kepandaian Putri,* home economics junior high school.

SKP   *Sekolah Keptrampilan Pertama*, home economics junior high school.

SMA   *Sekolah Menegah Atas*, senior high school.

SMEA   *Sekolah Menengah Ekonomi Atas*, economics secondary high school.

SMP   *Sekolah Menengah Pertama*, junior high school.

SMTK	*Sekolah Menegah Teknologi Kerumah-tanggaan*, household technology high school.
TK	*Taman Kanak-kanak*, kindergarten.
UGM	*Universitas Gadjah Mada*, University of Gadjah Mada.
UP2K	*Usaha Peningkatan Pendapatan Keluarga*, Program to Increase Family Income.
Usila	*(Orang) Usia Lanjut*, Elderly people.
WK	*Wanita Katolik*, Catholic Women's Organisation.

Glossary of Indonesian Terms

abon dry shredded meat that has been boiled and fried.

arisan regular village-level social gathering for women. All members contribute small amounts of money and take turns in receiving the sum of the contributions, a traditional lottery or credit organisation.

bapak father. Respectful term of address for married/older men. It can also be used to refer to one's husband in an indirect way, for example *bapaknya* (*anak-anak*), father (of my children). Often abbreviated to *pak*. Male equivalent of *ibu*.

batik decoratively printed cloth which is either handprinted in the traditional fashion using wax and dye, or factory printed.

becak pedicab, trishaw. A form of public transport, like a tricycle, generally used for short distances. Passengers sit on a bench seat in front and the driver pedals from behind. *Becak* are usually owned by a business person and rented out to a driver who retains only a small percentage of the earnings.

berperan ganda see *peran ganda*

bu see *ibu*.

bupati district leader/head.

Dasa Wisma smallest administrative neighbourhood unit made up of ten households, each with an appointed leader. These units then join together to form the next level of village

	administration, namely *Rukun Tetangga* (RT).
desa	village, territorial administrative unit, *kampung*.
Dharma Wanita	compulsory organisation for the wives of civil servants and female members of the civil service. It is a hierarchical organisation in which all positions are determined by the position of one's husband within the civil service. Supports the *Panca Dharma Wanita* as the five basic roles of Indonesian women.
emping	fried crackers made from the fruit (nut) of the melinjo tree (*gnetum gnemon*). The fruit is pounded flat, dried and then fried.
gamelan	set of musical instruments which makes up the (Javanese, Sundanese, or Balinese) orchestra.
gelar	title (of nobility), academic title, degree.
ibu	mother, respectful address for a married woman. Often abbreviated to *bu*, as part of a title, namely *Bu Sunarto*, Mrs Sunarto. Female equivalent of *bapak*.
jodoh	*jodo, jodho (Jv)*, a compatible marriage partner, (pre-ordained) match. The meeting or finding of a *jodoh* is often considered to be beyond human capabilities; a person's *jodoh* being determined by a higher (spiritual) being.
kanca wingking (Jv)	wife. Used to describe the proper place of a wife in traditional Javanese society, namely a wife who stays in the background or behind-the-scenes, in the kitchen, and has no public role in society.

kampung	rural village, alternatively an urban residential area having some communal identity, community settlement.
kejawen	Javanese mysticism, beliefs and traditions associated with the traditional Javanese view of the world.
ketoprak	modern Javanese stage play with historical and mythological themes, Javanese folk theatre.
Kraton (Jv)	*keraton*, ruler's residence, royal court, palace, especially of a Javanese ruler.
krupuk	*kerupuk*, crackers made of flour flavoured with fish or shrimp.
kurang prihatin	a common expression from the word *prihatin* meaning to try hard, to struggle (to achieve an end). In this context it could mean achievement without effort is of little value. It can also mean extravagant, frivolous (of spending), also spoilt.
manja	spoiled, attention seeker (of people, especially children).
mas (Jv)	older brother, term of address for male contemporaries or men of same status or age. The male equivalent of *mbak*.
mbak (Jv)	older sister, form of address for female contemporaries or older acquaintances. Female equivalent to *mas*.
mubazir	also *mubasir*, *mubadzir*, literally means superfluous, waste, wasted effort. It could be taken to mean not making use of a talent or achievement, for example education already aquired.
orang kecil	literally meaning little people, common folk. It is usually applied to village people or farmers (from the Javanese *wong cilik*).

Panca Dharma Wanita	the five duties of every woman according to the Indonesian women's movement (1970s). They are, companion and supporter of one's husband, caretaker of the household, producer of future generations, prime socialiser of the children and an Indonesian citizen.
Pancasila	Indonesian national philosophy, comprised of the five principles underpinning state official ideology. They are the belief in: one God Almighty; humanity that is just and civilised; the unity of Indonesia; democracy guided by the wisdom of representative deliberation; and social justice for all Indonesians.
pembangunan	construction or development. The much-used term coined for national development.
peran ganda	*berperan ganda*, to perform multiple roles. Refers particularly to the double or even triple burden women experience when involved in paid employment (the productive role) and still responsibile for the household chores and childrearing (the reproductive role).
rakyat	ordinary people, the masses.
rupiah	*Rp*, Indonesian monetary unit. February 1994 the Australian dollar was worth approximately Rp1470. The official minimum daily wage (1993) is Rp2250.
sampingan	side-, secondary. Literally means to take on side activities, additional jobs.
sarjana	title of degree similar to the Bachelor's, involving a longer period of study than a *sarjana muda* degree and requiring the writing of a minor thesis.
sarjana muda	degree awarded after three years of university study (abolished in 1985).

segan	be reluctant to do something others might consider above oneself, embarrassed.
slametan (Jv)	or *selamatan*, ritual Javanese celebratory meal, usually preceded by speeches or prayers. A *slametan* is held at certain periods prior to or after an event, for example the birth of a child or the death of a relative.
soto	clear (chicken or beef) soup containing noodles and a few pieces of meat and vegetables, served with lemon juice, soy sauce, chilli sauce, and *krupuk*.
Sultan	sultan, king, hereditary leader. The Sultan of Yogyakarta still has some political authority, and much 'spiritual' power within the Special Region of Yogyakarta.
suntuk	too late, to be overtaken by events or time. In this context it can mean to reach one's own limits, to take on more (tasks) than physically possible, to overstretch one's capabilities.
tahu	beancurd, tofu. A low cost alternative to meat or fish. In January 1994, one piece of beancurd cost approximately Rp50.
tempe	fermented soybean cake, another cheap alternative to meat.
wanita berperan ganda	women who perform multiple roles. See *peran ganda*.
warung	small food shop or street stall, run on a temporary or permanent basis at low cost.

Tables

Table 1: Number of Population Aged 7–24 Attending School by Age Group and Gender
1980, 1987, 1989 & 1990

Gender & Age Group	1980	1987	1989	1990
Male:				
7–12	10,460,230	12,760739	2,795,739	12,815,417
13–15	3,275,366	4,719,964	4,487,180	4,208,177
16–18	1,766,106	2,849,781	2,957,809	2,584,282
19–24	880,899	1,326,621	1,488,825	1,454,008
Female:				
7–12	9,833,335	12,170,184	12,055,231	12,339,448
13–15	2,581,977	4,104,959	4,082,782	3,758,529
16–18	1,163,460	2,329,990	2,494,868	2,145,487
19–24	441,441	868,673	1,014,003	970,024

Source: *Statistik Indonesia 1991*, Biro Pusat Statistik, Jakarta, 1991, p.103.

Table 2: Female School Attendance as a Percentage of Total School Attendance
1980 & 1990

Age Group	1980	1990
7–12	48%	49%
13–15	44%	47%
16–18	40%	45%
19–24	33%	40%

Source: *Statistik Indonesia 1991*, Biro Pusat Statistik, Jakarta, 1991, p.103.

Table 3: Indonesian Population and Labour Force 1961–90 (thousands)

Year	Population	Male Labour Force	Female Labour Force	Total Labour Force
1961	97019	25193	9641	34834
1971	119233	27009	13360	40369
1976	131797	33537	17477	51014
1980	146777	35099	17322	52421
1985	165154	42541	24501	67042
1990	179322	46723	25692	72415
1995*	195756	53681	34815	88496
2000*	210264	60269	41357	101626

Source: Payaman Simanjuntak, 'Manpower Problems and Policies'. in Manning and Hardjono (eds), *Indonesia Assesment 1993*, Australian National University, Canberra, 1993, p.47.
*Projected

Table 4: Growth of Labour Force by Gender and Region 1980–1990 (per cent per annum)

Labour Force	Rural	Urban	Rural & Urban
Male	1.92	6.83	3.09
Female	3.25	8.91	4.42
Male & Female	2.39	7.48	3.55

Source: Payaman Simanjuntak, 'Manpower Problems and Policies'. in Manning and Hardjono (eds), *Indonesia Assesment 1993*, Australian National University, Canberra, 1993, p.47.

Table 5: Population 10 Years of Age and Over Worked During the Previous Week by Gender and Main Industry 1971, 1980, 1992 & 1994 (thousands)

Main Industry	1971		1980		1992*		1994+	
	Male	Female	Male	Female	Male	Female	Male	Female
Agriculture	16876	7896	19727	9108	25603	16550	22845	15012
Mining & Quarrying	84	6	327	60	436	89	623	118
Manufacturing Industry	1515	1416	2584	2096	4386	3869	5920	4920
Electricity, Gas & Water	36	2	60	6	146	16	174	8
Construction	727	10	1617	41	2430	84	3449	109
W'sale/Retail trade, Hotels/Restaurants	2331	1783	3478	3201	5768	5978	6695	7272
Transportation & Communications	898	18	1446	22	2509	64	3274	103
Financing, Real Estate & Insurance	79	16	251	51	414	160	462	162
Services & Others	3636	1879	5126	2350	6469	3542	6866	4024

Source: Mayling Oey, Perubahan Pola Kerja Kaum Wanita di Indonesia Selama Dasawarsa 1970: Sebab dan Akibatnya', in *Prisma*, no.10, 1985, p.39.
*Source: *Keadaan Angkatan Kerja di Indonesia*, Biro Pusat Statistik, Jakarta, 1992.
+ Source: *Keadaan Angkatan kerja di Indonesia*, Biro Pusat Statistik, Jakarta, 1994.

Chapter One
Introduction

Working Women in Indonesia

The value of women's work in Indonesia is increasingly being recognised as more women appear to be actively seeking various sorts of income-earning opportunities. While the economic value of women's contribution to national development is well understood and encouraged,[1] there is only minimal provision of public support services which could enhance women's income earning capacity. In addition, women's motivations for being involved in paid employment, and their expectations and hopes of this involvement, remain relatively unclear.

In 1976 Valerie Hull carried out extensive research into the effects of development on rural Javanese women (Hull, 1976). She found that economic reasons were the most often cited cause of women entering the work force, although this applied most often to women in lower income brackets. Through her research she identified two groups of women— those who had to work to ensure the survival of their families, and those women (generally well educated and whose husbands had permanent income jobs) who enjoyed the status of a housewife without the need to seek paid employment. However, more recent studies suggest that this may no longer be the case (Oey-Gardiner, 1993: 204–13). With greater opportunities for women to participate fully in education, and with increased importance being placed on personal material accumulation, it can be assumed that more and more women who do not need to work will be interested in paid employment.

---

1   There are many government statements to this effect. See Literature Review for details.

Indeed, since the mid 1970s the Indonesian government has been actively encouraging women to take on employment outside the home. In 1973 the government began to target women as a group with a crucial role to play in national development (Sullivan, 1990: 63). Various women's health and welfare organisations were set up to enable women to participate in this development, for example the Family Welfare Guidance Movement (*PKK*). Significantly this focus did not apply to all Indonesian women. The contribution of single women to the development process was not considered. Perhaps this is because the government regarded marriage as the 'normal state' for women. Since that time it would seem that only married women have been given a legitimate role in boosting national development.

In Indonesia the practice of women taking on multiple roles, namely, performing the roles of wife-mother-housekeeper in the home while also being involved in an income-earning activity, is known as *wanita berperan ganda*.[2] More recently, the state has expressed the view that not only is *peran ganda*[3] desirable, but it is an essential component of national development. According to Mies, this attitude is typical of former colonies in which the newly-independent state aims to harness both the labour force and societal functions of women (Berninghausen & Kerstan, 1992: 3). There are two interesting factors in relation to this role-casting of women. First, it is assumed that only women have to take on this 'multiple-role function' and that men will remain the primary income earner and provider (*Mardika*, 1991: 2). Even though women are becoming involved in income earning activities, they are still primarily responsible for the home. This extra burden is not viewed as a problem, nor as something that could be alleviated by a more equitable division of labour in the home. Secondly, it is

---

2   Literally, women who perform multiple roles.
3   Literally, multiple roles.

assumed that the women involved will not require any supportive infrastructure to help them carry out this (obligatory) role. It would appear that state planners have assumed the presence of servants and/or an extended family would provide child care.[4]

Over the last two decades, Indonesian women have enjoyed greater and easier access to schooling and higher education. Tables One[5] and Two illustrate trends in education participation between 1980 and 1990. Table One shows the net increase in both male and female participation from 1980 to 1989, and the across-the-board decline for age groups 13–15 to 19–24 in the year 1990. Table Two clearly shows an increase in female participation in education as a percentage of total participation. While the percentage increase in participation at the lower levels has not been great (and female participation still lags behind at all age groups), there has nevertheless been a noticeable increase in female participation, particularly at the uppermost levels (note the 7% increase in participation of the 19–24 age group).

The expansion of educational opportunities for women is partly reflected in the increase in female participation in the labour force over the same period. Overall, between 1980 and 1990, female participation rose from 32.7% to 39.2% (an increase of 6.5%), while male participation rose only 2.8% (from 68.4% to 71.2%) (Simanjuntak, 1993: 46). Table Three illustrates the general expansion of the work force during the years 1961 to 1990. As a percentage of the total labour force, women's participation has expanded from 28% to 35%, and is estimated to reach 39% by 1995 (Oey-Gardiner, 1993: 204). Table Four shows that urban women account for the fastest growing section of the labour force.

---

4   As the typical Indonesian family moves towards the concept of a nuclear family, and as domestic servants become more difficult to find (a result of more appealing work opportunities in the formal sector), one wonders at the viability of such planning.

5   Tables One to Five can be found on pages xv–xviii.

According to Manning, this growth is particularly concentrated in the 15–24 age group (Manning, 1993: 64). However, it cannot be concluded that the growing number of women workers in Indonesia is entirely due to improved access to education. The growth of female participation in the labour force can also be related to declining fertility, delayed marriage, greater population mobility and changing attitudes towards women's work outside the home.

Significantly, female participation in the work force is strictly sectorised, and it would appear that certain sectors remain inaccessible to women. Table Five details women's employment patterns per occupation. It is obvious that women are concentrated in particular occupations, while other sectors have relatively few women participants. The sectors in which women clearly dominate are agriculture, manufacturing, trade and services.

Mayling Oey (1985) examined patterns of women's employment during the 1970s. She concluded that as women were pushed out of agriculture and industry (as a result of the increased mechanisation and subsequent masculinisation of both sectors), they would automatically move to the service sector, particularly small-scale trade. A report by the Research and Development Board (*Balitbang*) (Abuhanifah, 1988: 5) also recorded similar results. They found that in the years 1980 to 1985, the sectors which most employed women were those informal sectors which required physical labour and an uneducated work force. More recently Manning stated that the increase in job prospects for women was more pronounced in the service industries such as trade, government, domestic service and tourism (Manning, 1993: 65). Thus, while women's opportunities to participate in the labour force have been encouraged and expanded, this involvement is still restricted. It is apparent that only certain sectors have become open to women and that women are severely under-represented in the upper echelons of such sectors. The question of how women feel about their access to or denial from certain sectors of employment remains unanswered.

Moreover, the statistics can not inform us of the quality of women's experience in the work force, or their motivation and aspirations. Similarly the data can not explain the way women feel about themselves and their work. Personal life stories, however, can shed light on matters such as these, and it is for this reason that the evidence presented in this paper takes the first-person format. Life histories that focus on work enable the reader to share in and understand the experiences as related by the individuals. We can gain some idea of the quality of work experience and the effects of structural change taking place in society. Thus we can come to some understanding of the nature of experiences of working women across different occupations. The individual stories provide immediate examples of the issues facing working women today.

Observations

Living in Indonesia for twelve months in 1992 as an undergraduate student in the Faculty of Arts, Gadjah Mada University, I had the opportunity to casually observe Indonesian women in both their home and work environments. Yogyakarta, a large provincial town in Central Java, is a place where tradition meets modernity. A significant proportion of the city's three million inhabitants[6] is made up of students who come from all over the archipelago to attend one of the many tertiary education institutions for which Yogyakarta is renowned. Despite this influx of new-comers, Yogyakarta is a city which is actively rediscovering and preserving its culture and *Kraton*[7] heritage.

Yogyakarta is one of four regions (the other three regions are East Nusa Tenggara, Bali, and Irian Jaya) in Indonesia which boasts a very high (over 50%) female participation rate in the labour force (Biro Pusat Statistik, 1992: 114).

---

6   Population as of 1991 measured 3,044,465. Source: *Buku Statistik Daerah Istimewa Yogyakarta,* 1991, Kantor Statistik Propinsi D.I.Y., Yogyakarta, p.7.

7   Royal court of Yogyakarta, the palace residence of the ruling Sultan.

Oey-Gardiner noted the high levels of female participation in the labour market among Yogyakarta women. She suggested this could be attributed to the level of poverty in the region and also to the opportunities that exist for women, particularly in the more traditionally female occupations such as petty trade (Oey-Gardiner, 1993:210).

During my stay I lived with a Javanese family in a *kampung* to the south of the campus. I saw women working in many different capacities. One thing that constantly surprised and impressed me was the local women's ingenuity and their ability to find or create a niche for themselves, especially in trade and other service occupations. It appeared that, using one's initiative, there was always some way of making money. However, I also noticed that these women did not describe themselves in terms of their work capabilities, but rather in terms of their role and position within the household.

While in Yogyakarta I developed an interest in the working women of Indonesia, especially the structure of their lives and their actual experiences in juggling economic and family life. I continued to examine these issues in my studies at Monash University upon my return to Australia. This study led to the formation of my Honours Thesis topic and the subsequent period of research in Yogyakarta.

Literature Review

There has been an increasing amount of information published on the role of working women in Indonesia, especially since (married) women have become both the target and the tool for expanding economic development. While I found some of the sources too broadly statistical, others were too narrow and focused on an individual or a single event. Nevertheless, these sources were of assistance in the formation of this discussion and provided examples on which I could model the paper. More importantly, the issues discussed in the literature (or the omission of certain issues) highlighted certain topics which I felt should be examined.

Most sources of information concerning working women in Indonesia are the results of wide-ranging studies, and tend to be statistical rather than descriptive. Another problem is that very few Indonesian language publications are translated into English or other languages. This effectively restricts Indonesian-produced materials to the Indonesian population and scholars of Indonesian language in other countries. One example of a statistical Indonesian language publication is *Para Ibu Yang Berperan Tunggal dan Yang Berperan Ganda* (*Women Performing Single and Double Roles*) (Tapi Omas Ihromi, 1990). This book is the result of a study carried out by the Women's Studies Group at the University of Indonesia, Jakarta, in 1990. The study examines the role of working mothers in the development process. It compares the situation of families in which the mother functions as an income earner as well as organiser of the household and the family, to families in which the mother functions only as wife/mother/housewife.

Another source was *Kisah Kehidupan Wanita Untuk Mempertahankan Kelestarian Ekonomi Rumah Tangga* (*Life-stories of Women's Struggle to Support their Households*) (Tapi Omas Ihromi et al, 1991). This study was carried out by the Srikandi Foundation, Jakarta, in 1991. It combines both statistical data and first hand evidence, relating in detail the life stories of twelve low and middle income earning women of Jakarta's informal sector, but involving an analysis of 48 respondents. However, this study is limited in that it refers only to women in the informal sector, all of whom are struggling to ensure the survival of their families. Significantly, it fails to define the structure and consequences of work in the informal sector. As all of the respondents are women from working class backgrounds, this study presents only one view of women's experience of work. Finally, the stories are almost all presented in third-person format, and I feel that this detracts from the vividness of the stories.

There is an abundance of Indonesian government publications concerning the expanding role of women in national development. These sources are almost entirely statistical and rhetorical, all reiterate the view that Indonesian women are already emancipated and that all women are now able to participate actively in the labour force while continuing to take responsibility for the children and the home. Women must participate (in the work force) for the good of the nation, whether or not that participation will prove beneficial to the individuals involved. Moreover this statistical information tends to ignore the domestically-based informal sector of employment.

The government's enthusiasm for Indonesian women to act as 'Motors of Development' is obvious. But it appears that the most important role of Indonesian women remains to be the 'Mothers of Development', that is the mothers and educators of the next generation. Women are now expected to *berperan ganda*. They are to contribute to the development process, provided that it does not adversely affect their 'primary' role. A Department of Information publication entitled The Women of Indonesia set this out clearly:

> ...development requires maximum participation of men and women in all fields. Therefore women have the same rights, responsibilities, and opportunities as men to fully participate in all development activities. (But) the role of women does not mitigate their role in fostering a happy family in general and guiding the young generation in particular, in the development of the Indonesian people in all aspects of life (Murdiati et al, 1987: vii).

The article also states that while the presence of women in the labour market is widely accepted, the role of men is still regarded as more important (Murdiati et al, 1987: 39).

While the need for increased knowledge and skills is acknowledged, there is no recognition of the need to lighten women's burden in the home. The document does mention the provision of more facilities for women workers outside their homes but does not provide details (Murdiati et al,

1987: 41). While there are some special regulations for women workers such as maternity leave, the article discusses the negative affects these regulations might have on a women's job prospects. For example the maternity leave regulation may be used as an excuse for not assigning women important responsible tasks. The literature does not mention the economic role of single women—this highlights the expectation that marriage is the 'normal state' for women. We read that:

> Among the manifold roles women should play in this development era is that of the mother's responsibility in raising a healthy and prosperous family, including the upbringing of the under-fives, teenagers and the young generation in general, so that they would grow up harmoniously into the desired Indonesian Man.[8]

Non-Indonesian and non-official studies tend to be more qualitative. However, they are usually confined to an individual or group of individuals of common experience. Alternatively they choose to highlight the unusual, the rare aberration from the norm. Anton Lucas has collected numerous oral histories of Indonesian people and their involvement in the revolutionary movements of the 1940s. An example of this is the collection entitled *Local Opposition and Underground Resistance to the Japanese in Java: 1942–45* (Lucas, 1986), in which Shinta Melati (the only female character) tells of her role in the revolution. His focus on heroes (or heroines) and heroism is ideological, and he refers to a time of extraordinary social upheaval. These stories are not particularly relevant to everyday life.

---

8   Murdiati et al, 1987: 57. Note that this reference was published in English by the Department of Information and thus the phrase 'Indonesian man' is a direct translation from (non-gender specific) Bahasa Indonesia.

Lea Jellinek produced two very interesting working papers on the life of 'Bu Bud', entitled *The Life of a Jakarta Street Trader* (1977) and *The Life of a Jakarta Street Trader: Two Years Later* (1978). These stories focus on the difficulties of maintaining a business in the face of remarkable and rapid social change. While including some details on Bu Bud's immediate family members, it is nevertheless a story of one woman's struggle, achievement and eventual demise. More recently Jellinek published a book called *The Wheel of Fortune: The History of a Poor Community in Jakarta* (1991). This book deals with and documents the experiences of a whole community whose very existence is threatened by so-called 'economic development'. It is an oral history of the 'little people' struggling against the wheels of development—'development' which has turned their village into a high-rise government housing project.

A more recent English language source is *Javanese Lives: Women and Men in Modern Indonesian Society*, edited by Walter Williams (1991). This book relates the life-stories of 27 unrelated Javanese people, the result of interviews carried out in 1987 and 1988. It is divided into three sections—the past, the present and the future. The stories are brief and lack focus. Some individuals are considered representative of the future, while others are narrowly defined as representative of the past. Each story relates different experiences in which there are no common elements, and there is no overall conclusion. Williams appears to accept the stereotype of Indonesian women as mere dependants of their husbands and mothers of their children. Sources such as these serve only to endorse and reproduce such stereotypes. They highlight the interesting female 'aberration' with regard to employment and/or educational achievements. Accordingly Williams comments on the feminist psychologist who is 'so emancipated that she finds organisations of wives tedious' (Williams, 1991: 7).

My study encompasses women from differing social, educational and class groupings. Their occupations range from a low-cost food stall (*warung*) owner to a senior lecturer at one of Yogyakarta's oldest and most respected state universities. Because this study focuses on work and the experience of work, I have chosen to categorise the women on the basis of their employment, namely whether they work in the formal or informal employment sectors. In this context the formal sector can also be defined as the organised sector. Participants in this sector are included in employment participation data, they are liable to pay taxes, and they have a permanent place of work or office. Included are workers from the registered factory sub-sector, public and semi-public agencies, workers in health, education and other professions, workers in shops and commercial industries, and workers in motor transport. The informal or unorganised sector, on the other hand, is defined as 'all occupations outside the purview of the regular official system of recording economic activity' (Banerjee, 1985: 1). This includes petty traders, domestic servants, seamstresses, cooks and domestic servants. It should be noted here that while class and occupation are usually closely related, within the formal and informal employment categories, income and education levels do vary considerably.

It was an interesting task to establish the respondents' motivations to work, and to evaluate whether their employment situation is a result of background, education or family circumstance. As expected, the result shows a combination of all three elements, but it is the vividness and enthusiasm with which the women relate their life stories which helps us to understand all the complex factors lying behind each of the women's work situation. This thesis is written in English so that my understanding of Indonesian women can be shared with as wide an audience as possible. Factual in content, it is intended to be thought-provoking and informative, fitting somewhere within the statistical data, the stereotypes and the rhetoric.

Research Methodology

I began my library research at Monash University, and also made use of resources at the Australian National

University and the Australian National Library. Before departure, I developed my research proposal on the basis of my previous study and my knowledge of the literature available in Australia. Upon arrival in Indonesia I spent time at the Indonesian National Library and the Indonesian Institute of Social Sciences (*LIPI*) Library, both located in Jakarta. While in Yogyakarta, I was able to make use of the facilities at the Centre for Population Studies, University of Gadjah Mada. The Yogyakarta Bureau of Statistics was useful in providing statistical data on the situation of women in Yogyakarta.

The fieldwork took place in Yogyakarta over three months from December 1993 until February 1994. Having formed a set of assumptions from my library research, I then proceeded to develop a basic questionnaire to be answered orally during the first interview. Next I set out to locate approximately ten respondents. The respondents had to fulfil three basic criteria:

1. Ever-married women living in Yogyakarta;
2. Having at least one child; and
3. Having been part of the labour force at some stage.
Age and education level did not form part of the criteria

I approached the prospective respondents, outlined the research I was carrying out, and ascertained their willingness to become respondents. In most cases, the women were glad to be given the opportunity to talk about their lives and their outlook on life, and they spoke enthusiastically. I had been acquainted with most of these women for at least two years. This meant that they trusted me and felt at ease relating their experiences, opinions and aspirations. One of the respondents was introduced to me by another member of the group. In a number of cases I had difficulty arranging interview times, or even contacting the women involved, but this was due to the respondents' demanding work or social commitments.

Following the initial meeting I carried out the first interviews, in which I followed the basic questionnaire I had prepared. Questions referred mainly to family background, parental expectations, educational achievement and a brief history of employment, dating from first employment to most recent. Almost all of these interviews took place in the respondent's home, usually in the (front) sitting room. Occasionally the interviews took place elsewhere—in the family room, in the doctor's surgery, and once in the back room of the food stall. Although I recorded these interviews on tape, I tried to reassure respondents that the interviews were not formal in structure, in fact, more like a 'casual conversation'.

These first interviews were followed by a period of analysis in which I examined the preliminary results and established important points to be followed up. It was useful to compare the ten first-round interviews to determine what information was lacking. The follow-up interviews paid more attention to detailed experiences of work, opinions and views on issues of working women and *peran ganda*, and finally on their aspirations for their future and their children. With respect to their children, I focused on daughters because this enabled cross-generational themes to be examined, namely between grandmother, mother (respondent) and daughter.

On completion of the second round of interviews, the process of transcribing (directly into Bahasa Indonesia) and detailed analysis of the information began. The preliminary findings for the group appear below.

Preliminary Results
The ten women I interviewed were aged between 31 and 70 years. While not all were born in Yogyakarta, all of the women had married and had reared or were bringing up their families there. Their age at time of marriage also varied considerably, from 16 years to 48 years. Six of them are still married, three are widowed and one is a divorcee. The majority of the women had only two children, but one woman had five children. This of course refers only to

children living at the time of the interviews. A number of the women had experienced miscarriages, or had children who had died in infancy.

In terms of academic achievement, the majority had completed junior high school. One of the ten respondents had not completed primary school, and at the other end of the spectrum one is currently undertaking her Ph.D. Of the eight respondents still working, three women have one job, two have two concurrent jobs and three work at three or more jobs. This finding illustrates the current trend in Indonesia, known as *sampingan,* where both men and women take on a full-time job plus one (or two) additional jobs. It is an indication of the growing level of mass consumerism and increased perceived 'needs' in contemporary Indonesian society.

Most of the women stated economic factors as their main reason for working. However, the benefits that work brings, such as experience and skills, were also frequently mentioned. The chance to meet new people and make new friends was another reason for women becoming involved, especially in the formal sector.

An important aspect when examining women's employment in Indonesia is the presence of servants and/or household help. At the time of the interview only three of the ten households did not employ a servant to take care of routine domestic chores. More significantly among the ten respondents, only one lived in a 'nuclear' family. In most cases, there were either extended family, married children or boarders present in the family home.

In Chapters Two and Three the women relate their stories, which have been translated and edited for easier reading. Each story is preceded by a brief synopsis of the respondent's background, education and family situation. The originals of these interviews, in Indonesian and/or Javanese language, can be found in Appendices A and B. While all the stories have been translated into English, it is hoped that the subtle differences in the language used by the respondents is still apparent. It is noticeable that those of higher education speak more formal, 'correct' Indonesian. Those with less education or still closely connected to local Javanese culture are more likely to speak colloquial Indonesian interspersed with Javanese. The words shown in brackets have been included to assist the reader's comprehension of the stories. These words were not actually spoken, but were implied in the context of the conversation. The titles *Bu* and *Mbak* refer in part to the women's ages, but also reflect my relationships with them. Thus *mbak* Ratmi, whom I have known well for over two years, is referred to as *mbak*—a form of address for female contemporaries. However *Bu* Rina, whom I met more recently and is five years younger than *mbak* Ratmi, is referred to as *Bu*—a more respectful term of address for married women. In all cases, names have been changed to protect the privacy of the respondents and their families.

By categorising the women according to occupational type we can examine the relationship between occupation, social background and/or education levels. Finally we can examine the trends with regard to motivations in seeking paid employment, whether it be outside the home in the formal employment sector, or employment that can be carried out in the home. Thus Chapter Two details the experiences of five women in formal sector employment, while Chapter Three relates the employment histories of women working in the informal or unorganised sector.

The final chapter (Chapter Four) will draw together the common trends and any deviations from these trends and attempt to explain them. I shall examine and analyse these results, and suggest possible meanings and future implications. More research into women's employment experiences, motivations and aspirations, as well as extensive research on government programs and planning, would have to be carried out in order to determine the future direction of women's employment in Indonesia. However, at the very least it is hoped that this work will enlighten readers and increase our understanding of the employment experiences and overall life situation of Indonesian women, and their hopes for the future.

Chapter Two

Working in the Formal Sector
Bu Sunarto

Bu Sunarto was born in Yogyakarta in 1924, the third of four children. Her father, who was a distant relative of the Yogyakarta 'royal family',[9] had only had a primary school education. However he managed to work his way up the Dutch 'civil service ladder', from a minor government official to become a Regent, and finally the head of a coastal region within the Special Region of Yogyakarta. Her mother did not have any schooling, but learnt to read and write from her brother. While bringing up her children, she added to the family income by trading, a skill which came naturally to her. But she was not able to be overly active, because at the time wives of civil servants were not allowed to work. She traded jewellery, clothes and was also involved in the buying and selling of houses. Her business was profitable enough so that she was able to bequeath a house to each of her four children. Bu Sunarto's parents encouraged their children to get as much schooling as possible. Both her older sisters attended home economics junior high school, but did not continue their schooling after marrying. Her younger brother completed his law degree in Yogyakarta, and became a captain in the Navy.

In fact Bu Sunarto is the only one of her family to undertake further education outside of Yogyakarta. Originally she had dreamed of becoming a doctor, but her father wanted her to become a teacher. It was not difficult to convince her to attend Teachers' College. The lure of being sent to live in Jakarta was enough to change her mind. She

---

9   That is, a distant relative of the hereditary ruler (Sultan) of Yogyakarta.

graduated in 1946, and began teaching in a Home Economics Junior High School (SKP). Later she was relocated to Sumatra where she taught at the Home Economics Teachers' College (SGKP). When she retired in 1984, aged 60, she held the position of Regional Vocational School Chief Supervisor. She also held a position in the People's Regional Representative Assembly (DPRD) from 1982 until 1987.

Bu Sunarto married in 1958. Both she and her husband were 33 years old. She had already worked for 11 years and with the money that she had earned was able to build the home in which she now lives. Her husband, who had completed junior high school, ran a private enterprise involved in contracting, mining and tobacco. Bu Sunarto continued to work while raising her two daughters, returning to work three months after giving birth. Even though her husband died 18 years ago she has been successful enough to give both her children a tertiary education. Her elder daughter holds a minor degree[10] and works for the Department of Social Affairs. She is married with two young children. Her younger daughter recently graduated as an Agricultural Engineer. She has not yet found work because she is looking for a job that is relevant to her field of study. In the meantime she is attending English language and computer courses.

Bu Sunarto lives with her daughters, her son-in-law, her grandchildren, and a household servant, in a two-storey house to the south east of the city. Recently she made the obligatory (for those who can afford it) pilgrimage to Mecca. She has travelled to Australia, America and Europe, and has plans to tour the Middle East in the near future. She is very independent and is still actively involved in a number of women's organisations.

My father wanted me to become a teacher. At that time women were less advanced, so that (as a teacher) I could help advance

---

10   *Sarjana Muda*, awarded after three years of study at university.

womankind. Once I had graduated from primary school he wanted me to attend Primary Teachers' College, but I wanted to finish junior high school first. I (really) hoped to become a doctor. However my father, who was a Regent, had been given the task of evaluating the situation of transmigrants from Yogyakarta in Sulawesi. On the boat to Ujung Pandang (father) became acquainted with the District Head of Kutoarjo, whose daughter attended the Home Economics Teachers' College in Jakarta. (They) talked about it and my father became very interested indeed. He came home (and said), 'Well, I think it's better if you don't go on to senior high school, it will take too long to become a doctor. This (course) is only four years and you'll become a Home Economics School Teacher. The skills which you will gain you can use all your life as a woman'. I became interested because I would be sent to Jakarta. No one from our family had ever been sent to school outside Yogyakarta.

I was only in my first year of college when Japan invaded, and I returned home. Later (when) I was sent to Jakarta to play netball I found out that the college was to be re-opened. I went home (and said) 'Father, I can go back to college. It's at a new address but the teachers are all the same'. 'Yes, you may', my father said. My father was not old-fashioned even though he had limited education. It was very difficult during the Japanese occupation. Sometimes we sewed clothes from paper. When I was in fourth year Japan was defeated. My father sent a telegram, 'Come home quickly, bring all your belongings, the situation is critical'. But I stayed on with a few friends to maintain the telephone office in Jatinegara. We also served in the public kitchen. In such revolutionary times, we young people did not expect anything (in return), we just felt obliged to defend the nation. Eventually I went home on the last train from Jakarta. (I) worked as a volunteer for the freedom fighters in the Bethesda Hospital. And then in 1946 the capital city moved to Yogyakarta and the college also moved. I completed my last half-year of study and graduated. I was the first graduate of the Republic of Indonesia's Home Economics Teachers' College.

I first taught in Madiun in 1946 for two years. Then I taught at the Home Economics Junior High in Yogyakarta for two years. Later I was promoted to (the position of) Home Economics Teachers' College Teacher and sent to Padang for two years. When I said goodbye to my parents I did not tell them I was going to teach, but to have a two year fully-paid holiday. My father just laughed. (When) I returned (to Yogyakarta) I was sent to Australia to observe (some of the schools there). While there I saved my money and bought a motorbike. But at that time I did not know how to ride one. They said to me, 'Ah, it's easy, we'll teach you, (and) organise your licence. I took the motorbike back (to Indonesia) on the ship. I still have a licence but I would not dare (use it) now. Also I was able to see the Olympic Games. For me the chance to go overseas was rare. No matter what the cost of the (entry) tickets, I thought it would be better to buy the tickets and (enjoy) the experience rather than to buy goods which I could buy here anyway.

Upon my return I worked as a teacher (and) then I became a school supervisor at the Regional Office of the Department of Education and Culture (*P dan K*). As supervisors, we had to visit certain schools each month. My job was to supervise the educational program of vocational schools. The appointments could be arranged so that I was able to double as a supervisor at the regional office and as a member of the People's Regional Representative Assembly (*DPRD*), Level I, for the period 1982 until 1987. In 1984 I retired as Chief Supervisor of vocational schools in the Special Region of Yogyakarta.

I had never aspired to become a member of *DPRD*, but at that time I was given a task. I was sent to become a representative for *Golkar*.[11] I had never been involved in politics, but because I was given that role I concentrated on it. I was in Committee E—education, health, social (welfare), labour force, (and) transmigration. We examined how the executive body carried out its responsibilities. I was (also) on the budgeting committee, which determined (the funding) for the action plans. We would then monitor whether (each program) was carried out properly or not. We often went on surveys around Yogyakarta. For comparative studies we went to East Java, West Java, Jambi and South Kalimantan.

Now I give thanks that I obeyed my parents' wishes. If I had attended medical school I might never have finished. I was trained to be a teacher and immediately I wanted to be a teacher. As it turned out I enjoyed the work, (and) for 35 years I felt fulfilled. Though only a graduate of Home Economics Teachers College I was able to retire (having become) the Chief Supervisor of vocational schools.

By the time I married, I had been working for 11 years. I had already experienced the joys of working, so that I had 'forgotten' to

---

11 Political party established by the government for technocrats and civil servants.

get married. Luckily I didn't forget altogether! Perhaps if I had met my *jodoh*[12] when I was younger I might have married earlier. I feel that it's better (to marry) younger, not to be as old as I was. Actually between (the) ages of 20 and 30 is the best time. Then when the children are grown up, their parents aren't too old.

My husband ran his own business and later became a member of *DPRD*. During the revolution he was actively involved (in the struggle). He became a Lieutenant. Because of that he did not have the chance to pursue tertiary education. After that he opened his own business in the areas of contracting, mining, whatever he could. Occasionally I was the main income earner because private enterprise has its ups and downs. But it never reached the stage where we were poor.

I was never hindered by my husband, (I) always received his blessing. When I wanted to become a supervisor I had to undertake a difficult examination. Late at night when I was studying, my husband would wait up for me, reading, making me coffee. He gave me motivation, (and) moral support. After the birth of my children I returned to work within three months. My husband (and I) had mutual understanding, so he was able to carry out some of the household tasks. Fortunately we were able to employ a servant, my husband's mother often helped, and my sister lived next door. Sometimes it was difficult, especially if one of the children was sick. I couldn't concentrate and wanted to go home (to be with them). As far as possible I tried to carry out my duties in the school or in the office. But you can't spend all your time pursuing your career, there must always be time for the children.

When my husband died the children were still in primary school. But I was already working, so it was not a financial burden to put them through school. And by the time they reached tertiary education I held a senior position. In fact I was also a member of *DPRD*, so I had two incomes.

As parents we hope that our children will 'better' us. I did not obtain a degree, but one of my children has a degree, the other a minor degree. I hope that they will be religious people, of good character, and will participate actively in society. Also I hope they will offer their energy and intelligence for (the benefit of) the country. Their

---

12 Compatible marriage partner often thought to be determined by a higher spiritual being.

work is up to them, (and depends on) their skills and their own aspirations. I can only help them by trying to find them employment that is suitable. I have never forced them, just made suggestions. I have raised them to behave correctly, (and encouraged them) to achieve as high an education as possible. My elder daughter has only a minor degree. I told her, 'If you want to further your studies I am able to cover the costs'. 'No thanks Mum, I would prefer to work'. Now she has (two) children. I have urged her to continue her education, if possible, when the children are a bit older.

If people are happy in their work they won't mind how heavy their workload is. When I was in Padang I had to work really hard, but I enjoyed it because I felt I was needed. Even now I tell my children, 'Don't ever regard any task as beneath you, whatever you can do yourself do it. There's no need to ask someone else to do it'. Once I painted the fence myself. Someone asked me, 'Why are you (painting it) yourself. Why not pay someone to do it?' (But) I had the time and I felt like doing it. I'm not afraid of what others might say. If I feel like doing something (I'll do it), as long as it does not harm anyone and is useful.

I have never had any difficulties in school because I have always taught in girls' schools. Because they are vocational schools (and) we (women) are experts, we have never felt inferior. In fact, it is the male teachers who teach only supplementary subjects. The principal is usually one of our (female) friends. We did not experience any discrimination. Only after I became a supervisor, did it become apparent that there were only a few female (supervisors). Most of them were men. Indeed, those who head the regional offices were all men. From those (men)at the top we feel as though we are regarded as second-best. Perhaps because it is still believed that men must be the head of the household.

Women who have a career will gain satisfaction from their work, self-confidence, their own income, and their career might 'take off'. It is satisfying to know that people value our work and that we are useful. Working outside (the home) we obviously feel independent. Also we will be more open minded. We will have a wider range of contacts than if we stayed at home. But if we stay at home we can run an enterprise while raising our children. The children remain under the care of their mother. Nowadays, housewives are no longer as they used to be. Even if they do not work as civil servants or as office workers, they will still take part in social organisations, *arisan*[13] and so on. Actually (working) as a housewife represents a development activity, (for example) educating the children. If we don't have enough contact with other people, we will become too narrow minded, and will be left behind by our husbands. Like me for example, even though I have been retired since 1984, I have never just sat around doing nothing at home. (I have) kept busy with social activities.

I was sent to *Golkar* to become the head of the Bureau of Women's Affairs. After that I was given the task of setting up the Yogyakarta branch of the Association of Career Women (*HWK*). Since 1981 I (worked) as chairperson. It's only this past year that I have not been involved in running (of the organisation). But I am the representative chairperson for the retired members of *HWK*. (There are) about thirty people, we have a get-together once every two months.

Apart from that I am also active in the women's organisation (known as the) Family Welfare Guidance Movement(*PKK*). *PKK* has many activities now. I am involved in the section for education, skills and development of cooperative enterprises. For every woman in need, both in the village and the city, through the *PKK*'s Ten Basic Programs we try to encourage prosperous families. Amongst other things, with certain skills the women can fill their spare time with useful activities, such as learning to sew, cooking, all sorts of things that can add to the family income. With the Program to Increase Family Income (*UP2K*) there are those who are making and selling *emping*,[14] those making *tempe*, bamboo handicrafts groups, chicken farms, all sorts of things. About health services, we now have the Subdistrict Health Centres (*Puskemas*) where mothers are trained to care for their children and keep them healthy. Healthy children will become a healthier next generation. We encourage family planning, because previously families would have 9, or even 14 children. Nowadays young couples want to have two children only. Because with two children they have a greater chance of gaining higher education. *PKK* has really permeated the village, with the aim of ensuring (women) have prosperous families and know how to manage the household. In the time of Dutch occupation, (villages) were very

13   Regular village-level social gathering for women, in which the members all contribute a small sum and take turns in receiving the 'winnings'.

14   Fried crackers made from the fruit of the melinjo tree.

backward. Now it's different, they are much more advanced than before.

In my opinion (women) with multiple roles are those who are housewives and members of society, contributing to development in their respective fields. If the wife works then the husband should also have a multiple role. When I was young, boys were not even allowed in the kitchen. Now it's different, men must be willing to take on multiple roles. In the sense that if necessary (husbands) must help in the home, caring for the children, or doing some household chores.

In *Dharma Wanita*[15] we (women) have five tasks.[16] As a wife, a mother, an educator, a member of society and a source of additional income. But that was a few years ago, there are many (people) who no longer agree. Nowadays the husband does not have to be the bigger earner. It depends, if the wife has a career and earns more than her husband, I don't think it will be a problem. And the husband need not feel inferior. There must be mutual understanding between the husband and wife that they are both responsible for the household, (and) that they each have their own jobs. The husband should never impede the development of his wife's career. Now there are many (couples) where the wife earns more or holds a higher position than her husband. Provided they have mutual understanding it will not be a problem. I feel that women are able to progress because they receive support and understanding from their husbands. If not, I feel it will be impossible for a woman to develop her career.

Bu Sumarsih

Bu Sumarsih was born 'about 63 years ago', the sixth of eight children. Her father came from Rembang. According to Bu Sumarsih, her father's forward thinking and insight can partly be attributed to the proximity of his birth place to Kartini's[17] home town of Jepara. He completed junior high school, and at retirement he was the Chief Director of a private printing house. Bu Sumarsih's mother ran away from

---

15   Compulsory organisation for the wives of civil servants and female
     members of the civil service.
16   Known as *Panca Dharma Wanita* (The Five Basic Roles of
     Indonesian Women).
17   National hero regarded as the pioneer of Indonesian women's
     emancipation.

her village at the age of 15 in order to escape the marriage her parents had arranged for her. She came to Yogyakarta and enrolled in Primary Teachers' College. During her lifetime she taught at both Muslim and State Schools, and at the time of her retirement she held the position of School Principal. When her mother married her father he already had three children from a previous marriage.

All the children were encouraged to obtain as high an education as possible. Her eldest step brother is a famous barrister in Jakarta. One of her younger brothers completed a degree in chemical technology in Australia. Another has only recently completed his law degree after returning to university in order to fulfil his 'obligation' to his parents. Her step sister became a junior high school teacher. Two of her brothers are living in the Netherlands.

Bu Sumarsih attended Muslim primary and junior secondary schools, then enrolled at state secondary high. She graduated from a well-known state university in 1960, where she subsequently became a staff member. She now holds the position of Reader, and is currently writing her Ph.D thesis on Feminist Literary Criticism. She also teaches Indonesian language for foreign students at various Indonesian language institutions in Yogyakarta.

In her late 50s, she married a widower with two children, then aged 16 and 9 respectively. Her husband holds a degree in law, and until his retirement three months ago worked as a Public Prosecutor. She has taken a prominent role in her step-children's education. Their son is married with one child and has a degree in Javanese Literature. He works at the Public Prosecutor's Office, and to further his career prospects is currently undertaking a law degree. Bu Sumarsih's daughter, now aged 22, has almost completed her degree in Indonesian Literature. It appears that she is expected to follow in Bu Sumarsih's footsteps and become an academic.

Bu Sumarsih is well travelled having visited Australia, studied in the Netherlands, and taught in Korea. She now lives in a university-owned house with her husband, her daughter, two boarders and two servants. Although she didn't set out to become a teacher, she says it is something which she enjoys, and intends to continue teaching after she has completed her Ph.D. After retirement she has plans to publish more of her work and to travel overseas again.

My father hoped that I would further my education as far as possible, until he could no longer afford it, so that my life would be more secure. Many of my friends chose to get married young, instead of striving for the goals which they had long desired. But I was close to my father and could not bear to disappoint him by not completing my schooling. He always stressed, 'Don't ever be dependent on anyone else, if you can do everything yourself'. Certainly it's impossible to live without the help of other people, but don't become dependent.

Father emphasised, 'Precisely because you are a woman, you must have a good education. Because if one day your husband is sick, how will you eat if you can't earn money yourself'. In fact I am not dependent on my husband's income, if necessary I can earn my own. So I was shaped by such an independent environment. I feel that (my upbringing) forms the basis of my attitude nowadays which could be regarded as independent. Possibly I inherited a bold spirit from my mother.

I attended State Senior High School, in the Department of Indonesian Literature. Then I went on to university, (also) in the Faculty of Arts. Actually I originally wanted to do Law because my older brother was a lawyer. (But) at the time my father believed that it was better for women to study Arts. (He said), 'If you ever need to work from home while running the household, translation or writing can be done at home, you don't need to go out'. But that is (only) if it is necessary.

In 1956, before I graduated, I had started to teach in the university high school. The Dean of the Arts Faculty saw that I had good marks, (and) he said to me, 'Come and teach for us. You can gain experience in your field'. I answered, 'O.K., as long as it doesn't interfere with my studies'. I only taught a few hours a week. In that way I was able to attend lectures without any problems. I graduated in 1960 (and) have been teaching there ever since. I became a teacher even though from the beginning I thought it was a profession that wasn't very interesting. But now that I think about it, I feel it is very enjoyable.

From 1967 until 1969 I lived in Korea, teaching Indonesian language. And then in 1971 until 1973 I went to the Netherlands to undertake a post-graduate course in linguistics. Then in 1989 I was given a scholarship to commence my Ph.D. I went to the Netherlands to carry out research about Feminist Critical Literature. Now I'm just writing up my thesis. When it's finished I will keep on teaching, and perhaps do more writing. My hobby is writing, and for a few years now I have worked as an editor for the publication *Suara Asia*. Sometimes I also write for *Kedaulatan Rakyat*, or the local papers. Maybe I will go travelling. I want to visit other countries so that I can understand other peoples and cultures, and expand my horizons.

Actually (my husband and I) have not been married long, only 15 years. My husband's first wife died giving birth to her daughter. So my husband was a widower, looking after his (two) children. When I met him his daughter was nine years old. At the time he thought that I, as a teacher, would not have any objection to bringing up his children who did not have a mother. So far we have lived a good life, with mutual understanding. He understands that I (must) work. He was already used to looking after the children and the kitchen too. It was as if I could see my father in him. My father often looked after us when we were young, whenever my mother was teaching. Maybe that's why we are so compatible, (because) not all men will willingly help (in the house). It depends on their upbringing and the circumstances of their marriage.

Now our daughter is 22 years old. She is just writing her thesis. Because she saw us (her parents) and her brother also at university, of course she wanted to continue her education. All the more so because we threatened her, 'This money I am saving for your education. You must study hard so that you can get into university. If you are not accepted, then I will use this money to marry you off!' Of course she didn't want that, so she studied hard.

I hope she will continue my work because she also studies in the Arts Faculty. Maybe she is not very interested in becoming a teacher. She says she can't explain things and so on. But from the practical point of view, she is already studying literature. Also I have thousands of books. Who else will want to use all those literary works? That is my hope but if she chooses something else that's up to her. I could donate these books to the Faculty.

We are of the opinion that if a person is responsible enough to marry, then he/she must be independent. Even though I am only a step mother, we teach our children not to be spoilt by their environment. When our son was seeing someone, we had already told him, 'You can only get married after you have completed your degree and found a job. Once you get married you are no longer our responsibility'. That is why they only got married after he had graduated. His younger sister also has a boyfriend, but we pretend we don't know. We have given her the impression that is not possible for her to marry before she has finished her study and started work. I feel that before her 'friend' graduates and gains employment he will not dare to propose, because they will not be permitted (to marry).

Both of us have always worked. Two wages are better than one. I'll give you an example. (Actually) I can cook, but time does not permit it. A couple of years ago I cooked something, and the children commented, 'Your cooking is delicious, Mum'. 'If that's the case then how about I just cook and don't teach?' 'Oh I see, oh don't do that. You don't have to cook, just teach. Earn lots of money so that we can buy motorbikes and go on holidays'. So they already understand that there are a number of things that I don't have to do because it would be uneconomic. Like someone who holds an important position doing something that could be carried out by an errand boy. I supervise the servants but not to the very last detail because I know they are capable.

While undertaking my Ph.D I am free from teaching duty, but I still teach (the subject) Theory of Literature. As it happens, the Faculty of Arts desperately needs staff who are experienced in the teaching of Indonesian as a foreign language. And in fact I am the most experienced in teaching Indonesian to foreigners. (Because of that) I feel under obligation. (I teach) at a private Indonesian Language Institute that teaches Indonesian for foreign students. Also I teach conversation to a number of foreign students, one hour in class, one hour at my home, introducing Indonesian language and culture. It is (interesting) meeting new students, with their different backgrounds. One of my positive characteristics which sometimes stretches me beyond my capabilities is that I am always *suntuk*,[18] *Suntuk* means that when I start something I like to finish it properly. As a result I am involved in (many) teaching activities. I set aside two days for teaching, and the remainder is for my (dissertation).

---

18   Literally too late, or to be overtaken by events or time. Literally to take on more tasks than is physically possible.

I am the head of the education section of the local women's group. I am also the general chairperson of the Association of Scholars of Indonesian Literature (*HISKI*). Even though I did not want to, they asked me to. They said, 'We'll do all the work, you can hold the members together. (Because) you were once their lecturer they will pay more attention to you'. Evidently seniority is still very important in our society. Furthermore I helped establish the Yogyakarta branch of the Society of Indonesian Women Academics. (We) run a consultation bureau for women experiencing various problems. I have never been very active in *Dharma Wanita* because I don't have the time. (But) in my heart I don't really agree with it. I don't want to participate in the activities of the lawyers' wives.

In my opinion, a woman who has potential but doesn't use it is something called *mubazir*.[19] *Mubazir* comes from an Arabic word meaning something which is wasted. (For example) a woman has completed her education, spent millions of *rupiah*[20] (for which) her parents have made many sacrifices, and she just stores it away...A woman who has potential, both in terms of education and natural talent should not (waste it). Actually men should have multiple roles as well, that's my principle. (If the husband) doesn't help the wife will suffer, (and) the husband will feel neglected. Actually, it can not be any other way. (If men) want everything their way, (and) are indifferent, it is the women who will suffer. So maybe it is the men who also need to be emancipated.

In our household from the very beginning we had agreed to help each other. When our servant is sick, we divide the chores. My husband gets up first, at 5.30 for morning prayer, (and) lights the stove. I can get up half an hour later. I go into the kitchen and continue (the preparations) while my husband takes a shower. Then I take a shower and afterwards we eat breakfast together. On Sunday mornings we go shopping together at the market. After a while my husband had memorised all the prices. In fact now he knows more (than me). So we don't have any difficulties, we don't make a problem out of it.

(In) the formal sector (career) opportunities are better defined, we can follow a career path. For example a lecturer. I began as an assistant

---

19   Superfluous, waste, wasted effort. In this case it is the waste associated with not making use of already acquired education.

20   Indonesian monetary unit. In February 1994, the Australian dollar was worth approximately Rp 1470.

(lecturer). Then I became a junior reader, then a reader, then a senior reader, and (now) I have the opportunity to become a professor.[21] (However) those in the informal sector have no formal status in the eyes of society, (for example) a caterer who becomes rich because she works very hard from home. I feel that she is more active than I. At five in the morning she is already up making cakes etc, while I have only just got up. (But) her work is not valued very highly.

Sometimes that which holds women back is the problem of jealousy between female peers. At the time I became an assistant lecturer, the lecturer was sent overseas. So I immediately began teaching, (and) at a relatively early age I became the secretary of the department. And then I became the head of the department. I was often taken to and from (campus) by car. I didn't think anything of it. But my friend, who had previously worked at the same level as me, distanced herself. She told my mother that I had become conceited after becoming the head of the department, even though in my opinion I have never boasted about myself. So sometimes it is our fellow women who hold us back.

Bu Yatno

Bu Yatno was born in 1939, the youngest of nine children. However only Bu Yatno and her older sister survived childhood. Her father, who was a distant descendant of the royal line, completed primary school before being employed at the *Kraton*. Being able to work for the *Kraton* was, and still is, an honour. Even though the wages were minimal, magically it was always enough to support the family. This philosophy is known as '*Berkah Dalem*', and means that the spiritual power of the *Kraton* will ensure employees are always adequately provided for. Bu Yatno's mother had never attended school, which in those days was reserved for males, usually the sons of *Bupati*[22] or other village official. She made *batik*,[23] which she would then sell as a way of making some extra income.

---

21   Equivalent to tutor, lecturer, senior lecturer, reader and professor.
22   District head.
23   Decoratively printed cloth, hand-printed using wax and dyes.

While education was important, her parents realised that access to education was based on status within society. Bu Yatno completed junior high school and then went to work in the Administration department of the University of Gadjah Mada. It was here that she met her future husband. They were married in 1962. Having trained as a dancer, she was often asked to perform for the *Sultan*[24] and his guests. She had to fit this in with working full-time and raising a family.

Her husband died suddenly of a stroke in 1981, aged 49. At this time Bu Yatno's eldest daughter had just finished junior high school, while her youngest was still in kindergarten. Bu Yatno felt she could no longer work full-time. Her main concern was to bring up her children properly. She retired with full pension, having worked for 32 years.

Bu Yatno now lives with her three daughters in a small house within the outer compound of the *Kraton*. She trades in small goods within her circle of community organisations. At some time in the future she would like to set up a small shop in the front part of her house, but she has yet to save the necessary capital. Her main concern at the moment is that two of her daughters have reached the appropriate marrying age, according to Bu Yatno, but have not found their *jodoh* in life. But as she says, 'What can I do, it is God who will decide'.

I only completed junior high school. At the time access to education depended on your status. Upon finishing junior high school, aged 16, I began working at the University of Gadjah Mada (*UGM*), in the Administration Department. At that time studying part-time while working was not allowed. Once I tried to go to evening senior high school. Each day I had to leave (the office) one hour early, so my salary was reduced by an hour per day, (eventually) I gave it up. All I could do was the *KPAA* Program—Senior Administration Education Course. It was considered equivalent to

---

24   Hereditary ruler.

senior high school, (and) enabled our status to equal that of a senior high school graduate. I met my future husband while working there in administration. He was a law graduate, working in administration as the Head of Personnel. We were married in 1962. I was 22 years old (and) my husband was 29.

Because I worked there for a long time I was often transferred. I worked in the finance section, finally becoming a cashier in the payments section. I was responsible for payments for electricity from those renting university buildings, from the housing complexes, water usage, housing. At the time I was transferred I wondered whether I was capable enough (for the job). Accounting is indeed difficult, but I practised as I went along and managed fine.

In 1981 my husband had a stroke and died suddenly. He had always spoilt me, he'd never left me alone. When he died I had to assume responsibility for the whole household. My children were too young to work (and) they still had many needs. We spent all we had. I was forced to retire to look after the children as they were too young (to be on their own). At the time my youngest child was still in Kindergarten. How would she manage if no one could take her to school? Actually we had a servant but she was very old, she wouldn't have coped on her own. I felt it was too difficult to look after the children while working. When I went to announce my retirement, my boss reproached me. 'Why even those who have reached the retirement age feel very sad to leave', he said, 'and it is not yet time for you to retire. I know you've worked for 32 years but you could still work for one more year'. But because my husband had died I felt I had to retire. And I was already entitled to a pension.

When I retired I was invited to work for an insurance company. There were no office hours. I didn't have to go to the office each day, all I had to do was find clients. I had to report to the office a couple of times a week. But after a while it became difficult to find clients so I resigned.

I used to use my pension money for trading batik cloth or clothes. I (sold the goods) to my friends and they would pay me in instalments. I sold gold and other materials, but after a while there was no profit in it. It was usual for some to default on their payments, that is the way trading goes. But when it started to happen often it became a hassle. Now I only do a little trading, through our *arisan* meetings. It's better that way because (they are more likely to pay)—if they don't pay up they will feel embarrassed.

Now two of my daughters are working, the eldest and the fifth-born. My eldest attended teacher's college, but only for two years. Now that she works it is easier for me (as) I can live off my pension. My fourth-born studies at UGM (and) she just has to complete her thesis. My fifth-born completed Economics senior high school and immediately got a job. She felt sorry for me, 'You're on your own Mum, it's better that I work, it will be too hard if I continue onto further study'. She now works in a department store. Actually I had six children. I miscarried my first-born, a son. The second born went to God after only three days. Now I'm left with only three. My youngest child died of typhoid just two years ago, aged 17.

Personally I have benefited from work because of all the experience I have gained. Experience of the outside world, experience within the office. I'm used to meeting important people, all sorts of officials. I've also gained a wider knowledge by working outside the home. Women running private enterprises from their home have quite a lot of contacts. But those who are only housewives don't have enough experience.

But there were some problems too. Firstly, there are always men who like to harass the women. Often (a male employee) would flirt with one of the women, even though he knew that she had a husband. He would talk nonsense, but if (she) responded, he would be willing...If the woman can endure it, she will be able to overcome the harassment. She must be able to show that she is already married. She must remember (that), if she does not take a strong stance, she will be easily led astray. Secondly, there is the problem jealousy that is evident between the female employees. There are many who are envious of (one another's) tasks. We must be able to accept this, and respond to these women so that they will not be jealous any more. Promotions are fixed every four years, so that issue does not cause resentment. Except for a new employee with a higher education coming in and preventing someone else from getting a promotion. That person will be placed more quickly in a higher position, and this will certainly be resented.

I have heard that term (*'wanita berperan ganda'*) on the television and in the newspapers and magazines. This term means that a woman has a dual role, as a housewife and also as an employee of a company, an official, a career woman. This dual role is being promoted by the government, so that women will be given the same rights as men. Emancipation, so that women will no longer be stepped on.

The negative effects (of being a working woman) are a relative matter. As for me, I was able to assist my husband (earn an income). It can be very profitable, as long as the woman can divide her time between her children, her husband and her job. Those people who have insufficient education will be unable to allocate their time. If a career woman has a high position, she will give priority to her career, (and) she won't have enough time, so that she will hand over the care of her children to a servant. This is not a good idea, especially with respect to education. An intellectual woman will allow her children to be educated by an (uneducated) servant. If the father works in an office, and the mother is a career woman, how is the child able to express frustration? How can they protest when they have everything? They can ask for as much money as they like and they will get it, when all they want is the love of their parents. The child would be afraid to tell his/her parents. This is a very damaging mistake made by career-oriented people. Often because the children have more money than they need, they will throw their money away. They will be influenced by their peers, and abuse alcohol. And this will bring about bad behaviour. The child is only trying to express his/her need for parental love and attention. It is a protest against the parents.

As a mother I hope, especially as my children are girls, that my children will have married by the time they are 25 years old. But what can I do? It is God who determines everything. Especially with respect to preordained partners, it is God who decides. As a parent I have endeavoured so that my children would marry before they turned 25. Because if they are too old they will less attractive. Two of my children are 25, it is time (they were married). I often give them hints how to make new acquaintances, how to look for a suitable man who will be compatible in the future. 'Come on, make your family happy (by marrying)'. But it is God who decides these things, (and) all we can do is endeavour and pray.

Nowadays many children don't need to be pushed. When they finish school, both girls and boys already have the desire to work. They are inspired to be independent, for the wife not to be dependent on the husband's income. As to whether my children work, that will depend on their husbands. If my child is married her husband will hold the power, not her mother anymore. But I think she should continue to work, as long as she can allocate her time properly, because she can make a decent contribution to the household income. However if her husband's income is more than sufficient then there would be no need to work.

Now I am involved only in local community work, to fill in my spare time now that the children are grown up. I am the secretary for all the local organisations, from the household (*Dasa Wisma*) group, to the neighbourhood (*RT*) group and the village (*RW*) group, (and) also the Welfare Program (*PKK*) *arisan*. Often I have activities every day between the 5th and the 13th of each month. Now that I'm older I would prefer to be free of these responsibilities. I proposed this, 'Why don't we let some of the young ones take control, because they work faster, old people work slowly?' 'No, we need experienced people', they answered. As an organiser of community activities my only reward is the appreciation of my neighbours.

Bu Parmi

Bu Parmi is the second in a family of nine children. She was born in 1947 in Lamongan, East Java. Her father was a graduate from a technical college in Surabaya. He established and worked as the director of the Lamongan Traders Association. Her mother had completed Home Economics junior high, and upon graduation began working as a secretary in that association. They were married in 1945. When the association dispersed, her father became a trader of teak. Later he established a successful building contractor business, building roads, bridges and public schools. Her mother did not continue to work after getting married, and spent her time raising her large family.

Bu Parmi's parents were relatively well-off and could afford to place utmost importance on education. All nine children left their birth place to complete their secondary schooling and attend university. The children were thus spread across the island of Java from Jakarta, to Bogor, Yogyakarta and Surabaya. Of those nine, six graduated and one is now undertaking his Master's degree. Of the eight now working only Bu Parmi's older sister is working outside the formal sector of employment, running her own cake-making business.

Bu Parmi chose Yogyakarta as the place to further her education. After graduating from senior high school, she went on to complete a one-year diploma course at the Academy of Home Economics. At the same time she studied at the Teachers' Training College (*IKIP*). However, in 1969 after three years of study, Bu Parmi married and never completed her degree. Her husband, of Sundanese origin, was a graduate of an Academy of Textiles in Bandung and the Academy of Accountancy in Yogyakarta. They lived in Yogyakarta until 1980 when Bu Parmi's husband was transferred to East Java. In 1986 he was made redundant and the family returned to Yogyakarta. Upon his return he was unable to find full-time employment, and the family survived on the assistance provided by Bu Parmi's mother and younger sister. In 1990 Bu Parmi and her husband were divorced, and she has been working to support her children ever since.

Bu Parmi now lives with her four children, aged 25, 22, 21 and 18, in a small house just to the north of the main city centre. She is active in her job as supervising insurance agent, and frequently travels out of town to bring in new clients. She stresses that working in paid employment has benefited her enormously, both economically and personally, and has plans to develop a small private enterprise in the near future. Since taking on full-time employment she has cut down on her social activities, and only involves herself in the neighbourhood *arisan*.

From kindergarten to junior high school I lived in Lamongan, East Java. After graduating I moved to Yogyakarta to continue my education. Basically my brothers and sisters didn't want to continue their studies at the various schools in Lamongan, they all preferred to go elsewhere. (And) because my father could afford it, all the children left home. My parents did not train us children to run an enterprise, instead we had to concentrate on our studies until we had gone as far as we could.

I completed senior high school, then continued on to the Academy of Home Economics. That was just one year, (and) when I finished, (I got) a kind of diploma. At the same time I was also enrolled at the Teachers' Training College, in the Family Welfare department. I studied there for three years, (but) I didn't complete my degree. Neither my older sister, nor my younger sister completed their education. But all of the children from number four onwards have obtained their degrees. One of my sisters has her own business in Jakarta, (and) it is she who has been most successful. It is she who will help out if one of the family is in trouble. She has taken on the role of head of the family.

I married in 1969. I'm disappointed, I regret that I never completed my education. When I got married I was 22 years old. I met my husband here in Yogyakarta, after I had graduated from senior high. He was already working at the Association of Indonesian Batik Cooperatives. At that time I had no desire to work, I just relied on my husband. I don't know why I was so closed off, I was just a housewife.

I got divorced in 1990, but it took a long time, because the case was taken to the Supreme Court. I won the case here (in Yogyakarta), but the children's father did not accept the ruling. At the Appellate Court in Semarang I lost, (and) so I took the case to the Supreme Court. The whole process took two years, only then did I get my certificate of divorce. So as of 1992 I am officially a divorcee.

Only after this incident did I feel the desire to 'break out', to find a job. In 1989 I had already thought about it and because I was stuck, no one could help, (so) I decided I'd better earn (money) for myself. At the time we were dependent on the assistance that my mother and younger sister were sending me. If they hadn't we would not have survived. In 1990 I was recruited by an insurance company. A friend approached me, and as it happened I wanted to work. It was my decision and the children all supported me. I was rather apprehensive at first, so the children encouraged me, 'You said you wanted to work, so just do it'. I undertook training, and did my first work in the field. It went well (and) it wasn't too difficult. I have been successful ever since.

At first I acted as an agent. I just went out and looked for people to sign-up. I approached people referred to me by my sister. Without her, I wouldn't have been able to progress. I am able to travel to places such as Jakarta, Ujung Pandang, everywhere. Now I am a supervisor. My job is to recruit new agents, and to accompany them into the 'field'. I must also look for new clients for myself. Agents do not receive a permanent wage, only a travel allowance as an incentive, and commission from any new clients. If we are successful in signing-up new clients, we will earn a lot, but if not we get nothing. So it is difficult, the risks of working (for an insurance company) are high. As a supervisor there is no fixed wage either, just bonuses from the new agents, and any commission we might make. My income is variable.

Sometimes in a particular month I might get a lot of commission, but the next month I will only make a little (commission).

One level above me, is Unit Leader, with a guaranteed fixed income. But it is not possible for me to get a promotion. I'm 46 years old. It is the young ones who will be promoted until they are eligible to receive a salary. But I can't relax, I must continuously look for ways of making money. If I'm lazy, who is going to give me money? I will stick with this work because there aren't many opportunities for older people like me. I have many responsibilities. All my children are still studying and my ex-husband has never given us any assistance.

I intend to work for as long as I am capable. I'm not looking for a career, just money. When you get to my age you can't hope for a career. Sometimes I wish I had another job aside from insurance. I want to establish a private business , but I don't know what sort yet. The idea is there but I haven't figured out how. If I think of a suitable idea I won't wait any longer. Between 1986 and 1990 I prepared and sold iced fruit drinks. Luckily my drinks sold readily, the profits were enough to cover our food. It was in Cirebon that I began to sell such drinks, and I continued with it when I returned to Yogyakarta. We sold the drinks at the local school. Each day the servant would take the goods to school. I haven't thought of anything like that again.

My parents were well-off, (and) in the eyes of the community well-respected. They hoped that their children would be successful in their work, and grow up to be someone. They were not happy when I got divorced. But maybe they are proud of the way I have provided for my children. They no longer need to send me any money, (and) I have never asked for more assistance.

My son is still studying in the Maths and Science Faculty of Gadjah Mada University, majoring in Physics. My daughter now works for the same insurance company as I do. My other son is also studying, in the Geography Faculty, UGM. My youngest is in final year of the Home Economics Senior High. I've told her to enrol at the Teachers' College, in the Cookery department, because if she can not get into a state university, then I can't afford to pay for her education. Private universities are too expensive. Their education is up to them, but if they can't get into a state university then they'd better not enrol at all. They would just have to work.

I hope all my children will grow up to be someone proper. Apart from success at school, I hope they can obtain suitable employment, and have a good life. Not like my life, when my husband was retrenched from his job. It is up to them where they want to work, as long as it is permitted according to Islamic law. They'll have to work out for themselves what work they want.

When my daughter finished her studies, I insisted that she work. I told her never to be dependent on her husband, as I once was. Don't ever (do that). 'You must start to work as soon as possible. Don't ever depend on your husband, if it's at all possible you should have a job'. I tell my children, 'Even though you are a woman, you must be able to earn your own living'. If something happens in the future, as when I got divorced, and was incapable of doing anything, they will suffer. That's why I've raised them the way I have.

My daughters should work before (they get married). As for marriage, if someone has proposed to her, and if he's in a hurry, then I will give her away. If there is someone who wants to 'buy'. But she should try and save some money first, for her future. Nowadays being unmarried at age 25 is no longer a worry. Previously this would have been considered (too) old for marriage. But on the other hand, sometimes I tease my daughters, 'You're already this old and you've not yet married. When I was 22 I already had two children'.

The previous generation of Indonesian women rarely worked, just relied on their husbands, and had minimal access to education. Nowadays highly educated women, who marry over the age of 25, are not unusual. There has been a change in attitude. If the husband can support the family, there is nothing wrong with the wife employing a servant, and then taking some work outside the home. That is if the husband is able (to support the family). If not, then the wife will have to bring up the children until they reach high school age, and only then take on employment outside the home. The number of children must also be limited. If she has too many she will have difficulty holding down a job.

I am a dual-role woman, a mother and an income earner. In fact I am the mother and the father. Apart from raising my children I also work. I am able to support my children. I can provide the household needs, I am not dependent on anyone. I have more self-confidence, (and) am more self-assured because of all my experiences. Those who work at home have limited perception. If you work in an office, as I do, you can gain much insight, make many friends, have many experiences, and expand your knowledge. You might be able to do this at home by reading the newspapers, but social interaction will be limited.

I don't think there have been any negatives. My children are grown up so they do not constrain me. Even if I come home late, they will understand. But many of my neighbours used to gossip about me. Mainly because as a new insurance agent, I had to be accompanied by my supervisor. By chance my supervisor was an unmarried man. My neighbours didn't know anything, but assumed I was involved with this man, going out at all times of the day. That's where the difficulty lies, gossip from all corners. But I didn't say anything, that's the way my work goes. Eventually they realised this and stopped talking. Now they even acknowledge me, 'Wow, that woman is very diligent, supporting herself and her children'. It's O.K for them, they just talk, but they won't feed me or my children. I just let them 'bark', and I don't bother them. That is my principle. 'I don't ask you for food, I don't disturb you, if you want to watch feel free, if you don't then O.K'. It's my business. People like my neighbours spur me on to work even harder. I don't listen to them.

Dr Setyati

Dr Setyati was born in Magelang in 1949, the second of two children. Her father, although born in Madiun, lived in Jakarta and studied at the School of Medicine. He became a lung specialist, and worked as a doctor up until 1992, when he retired from practice. Although suffering from ill-health, he is still active in the medical field, writing reports and occasionally acting as a consultant. Her mother, originally from Solo, was a graduate of the Home Economics Teachers' College in Jakarta. They married in 1940. She did not work in paid employment, but spent her time raising her two daughters. The family relocated a number of times during Dr Setyati's childhood, but she has lived in Yogyakarta since her final years of high school.

Her parents placed top priority on education, and both Dr Setyati and her sister went on to tertiary education. Her elder sister became an Architect and now works as the director of an Architectural Bureau in Den Pasar, Bali.

Dr Setyati's parents did not push her to become a doctor. In fact it came as a complete surprise, even to Dr Setyati, when in her second year of senior high school she decided to become a doctor. She graduated from the Faculty of Medicine at Gadjah Mada University in 1977. She met her future husband that same year when she signed up as a new staff member of the Faculty's Pathology Clinic. Her husband, also a doctor, had graduated from the same faculty and already held a position at the clinic. They were married in 1980. They have both worked there ever since, while also taking on a variety of other medical and consultancy jobs.

Dr Setyati has rarely taken time off work, only taking the allowed one month pre- and two months post-birth maternity leave at the birth of her two daughters, now aged thirteen and eleven respectively. Although Dr Setyati's mother criticises her for not spending enough time with the children, Dr Setyati believes that in these changing times it is better for both husband and wife to be in paid employment.

Dr Setyati and her family live in a large house to the south east of the Gadjah Mada campus. Two of the front rooms have been converted into a surgery, from which both she and her husband run their private practice. They employ a live-in servant who is also responsible for the house and for taking care of the children, while Dr Setyati and her husband are at work.

She has high hopes for her children, and like her parents, places great importance on education. It is clear that she has a professional career and a 'suitable marriage' in mind for both of them.

As it happened, my parents only had two children, and at the time (of my schooling) my father was still working. So, because they could afford it, they placed the greatest importance on education. I was in second year of senior high school when I realised I wanted to become a doctor. I was accepted into the Faculty of Medicine, Gadjah Mada University (UGM) in 1968, and I graduated mid-year 1977.

I then applied to the Faculty of Medicine at UGM as a staff member, an assistant in the Pathology Clinic. I am still working there today. As educators we give lectures in the Medicine Faculty, and for community service we are assigned to Sardjito Hospital. There is a laboratory there for patients requiring laboratory tests. My teaching hours are not fixed. Sometimes for two months we don't give any lectures, just supervision. But at other times we teach each day for a month. But usually only twice a week.

The most important task is the supervision of the students. Sometimes our help is requested by resident doctors still undertaking specialist study. If there is a difficult case that requires laboratory examination, they will consult me. I'm in the Haematology Section, (to do with) blood diseases, illness related to blood disorders. There are three aspects to our job. The first is education, then community service and research. All three must be fulfilled. We carry out research for our own reasons, but also to earn promotion. Automatically we give the department a good name.

I have a number of secondary jobs. I work in a private laboratory once a week. And at the moment I am filling in for the supervisor of another clinic, for up to three years. I am also a consultant at the local hospital in Bantul. I supervise the running of the laboratory. Therefore I need to organise my time well.

It's unlikely that I would open a business myself, because the establishment of a business takes much thought, time and money. I prefer small consulting jobs. I know doctors who run enterprises, but I'm not interested in business. There is a female doctor who brings her trading wares (into work). There's another doctor who runs a medical equipment business. There is even one who owns a taxi and becak[25] company.

I place great importance on education, so long as it does not interfere with community life. We must be social (beings). If not, we become individuals who think only of ourselves. I work to improve my knowledge, experience, and to apply what I have learned during my schooling. If you've struggled through your schooling, (and) graduated, then what's it all for if not to work? Also I must earn an income to support my family. Nowadays it's better if both the husband and the wife work, except if the husband's income is sufficient. But for our family it's better that we both work, especially now that our children are at school. They have more and more needs.

I have already taken my Master's—it is called Doctor Specialisation Education Program. When I graduated I took my speciality in the Pathology clinic, and I graduated in 1992. I don't think I want to undertake a Ph.D, I don't have any such plans yet.

---

25   Pedicab, trishaw, usually owned by a business person and rented out to drivers.

Because it would require so much time and money too. And as a consequence I would rarely be in the department. As it happens, I am the department's representative for the educational coordinator. (Because of that) I am still needed there. I can't leave my job. I haven't really considered it, and I place greater importance on my children's welfare. (If I undertook a Ph.D) I would be away from home too often.

According to my parents, especially my mother, I am too busy and don't spend enough time with my children. For example, if I have to go somewhere, she'll say, 'Pity the poor children, left at home by themselves. It's because she has only two grandchildren, so she has lots of time for them'. I am indeed too busy, but I try to limit my activities to those within the city so (that) I don't have to leave my children too often. It (has to be like that) if I am to help my husband support the family. There are some husbands who break their backs trying to earn an income, while their wives just sit at home, not doing anything special. But I don't want (to be like that), it would not be good for me.

My children's education is the number one priority, as long as we can afford it. I instil this in them so that they will be independent. I hope they will reach tertiary education, and develop their skills into something useful for the future. I hope that they can obtain work that is suitable to their profession. They must complete their schooling, obtain employment, and only then should they get married. I really want one of my children to become a doctor, but I don't think it is very likely. The elder, who's 13 years old, is serious when she says, 'Just don't push me, I would enjoy (something else) better'. As for her younger sister, she hasn't made up her mind yet.

When they graduate, I hope they can further develop their expertise. I haven't done enough, for example I've never accepted an offer to go (study) overseas. I hope my children will not be like me. They could further their education overseas. But if possible, they should go with their husband. It would be (more) difficult if they went on their own because they are women. As long as they choose a suitable partner, then that's O.K. But he must be a responsible person and we must know what he is like, from what sort of family he comes from. Because sometimes the person himself might be O.K., but his family might not. I hope my children will have two or three children. They must have some children, because I want to have grandchildren. That's all I ask.

Nowadays society's demands and needs are rapidly increasing—economic, health and social needs. The desire to fulfil our material needs is increasingly strong. I think society needs more dual-role women now. Because if more women stay at home, who will work with the community to advance our people and our country? Women are now emancipated, not all are controlled by men. It appears that society is now beginning to support the development of dual-role women. But it depends on the socio-cultural environment. There are still some local cultures which believe that women are better off in the kitchen. However in the big cities usually both the husband and the wife work in paid employment. In fact, imagine a newly-graduated doctor who has been assigned to an isolated area. She will automatically have a dual role if she has a family. Perhaps the locals still believe that women should stay at home, but the reality is that this woman has been sent to this village as a doctor for the local government clinic. She must manage the household and the family while working to improve the health of the villagers.

We must give priority to both (the family and the workplace). As housewives we must organise the house and educate the children, because they are the next generation. In our work we must develop the expertise that we have acquired and use it to serve the community, apply it in the advancement of our people and our country. And of course we are able to earn income to support our family. However, it is difficult to find a balance between home life and our profession. Not everybody is capable of doing both successfully. It is also difficult because we rely on good health. If we are too busy, automatically our children will...not be neglected, but their study might suffer. They won't get enough attention. But if we place too much importance on the home, then we are being egotistic. We become isolated from the community. If we place too much importance on our work, and work for the sake of earning an income, that is not right. Luckily my husband has the same profession as me, so he does not demand this and that. He is not the type (of husband) that must be waited on hand-and-foot. We understand each other and put our children first.

Dual-role women are able to put into practice the skills they have acquired. For example, in medicine we are involved in health. We develop our expertise in the health interests of the whole community. I don't think the female staff (at the clinic) are treated specially, just the same. But sometimes I wonder, 'Have the tasks that I am assigned been weighed up properly. How come it's like this, why was I given this task, am I regarded as an incapable woman?' But maybe that's just my feeling. If I remark, 'I feel as though I am being treated differently', when actually that person had no such intention, then I will be labelled 'spoilt'. Or (they will think), 'Just because she's a woman she wants to do the easy work'. Sometimes if my child is sick, I can not work well, I want to be at home looking after my child. (At times like this) I need understanding from my boss. But inevitably, the men become envious. 'How come she's allowed a day off, taking a day off is a waste'. There are indeed some people who just don't want to understand. Once I had to prepare for a lecture, write a report, and at the time we didn't have a servant, my children were still young, and I was sick!

The difference between women who work in an office and those who work at home is their view (on life). For example, if I was to attend an *arisan* meeting of women's group, I could not talk about my work or my profession. I must be able to relate to them. We must talk about children, about household matters. But in my own circle we can talk about anything, for example professional matters. It's different to those women who devote all their time running the household. Perhaps her house is well-organised, everything is neat and tidy, but she would be incapable of taking part in a discussion. She wouldn't have any opinions of her own, her train of thought would be limited. At the very least women must be involved in the local community to fill in their time. It is impossible to spend one hundred percent of your time in the house.

I feel that my participation in this *kampung* is insufficient, because I am too busy. I have never been active, for example holding a position in community organisations. Even though people like me should be active, should give seminars in the neighbourhood area. I don't do enough because my job in the department is too demanding. I must write exams, prepare lectures, design essay questions, and I'm also busy at the private clinic. It all takes time. I give seminars at the anti-cancer council, I do community service in Bantul. But those tasks are still related to my profession. I attend the Pathology Clinic *arisan*. I can't attend the local mothers' club *arisan* because I only get home from work at three-thirty (in the afternoon), and the *arisan* meeting starts at four o'clock. I would be too tired. For those activities that are related to my profession, I am quite involved. But quite honestly, I am not involved enough in local neighbourhood activities. I don't have the time, and educating my children is my top priority.

Chapter Three

Working in the Informal Sector
Bu Suhud

Bu Suhud was born in 1938, the second of five children. Had she been born a day earlier, on the birthday of Princess Juliana of the Netherlands, she would have been 'given a prize'. She would have been sent overseas for a Dutch education.[26] However that was not the case. In fact Bu Suhud never had the chance to complete primary school. Her father was the son of a well-to-do family and had never felt the need to work. They lived by selling off the family's heirlooms and other possessions. Her father died in 1948, leaving her mother to support the family. At that time Bu Suhud was taken out of school to look after the family, while her mother and older sister worked. Her mother worked at various jobs, dressmaking, selling vegetables in the market, and preparing food. When Bu Suhud was aged twelve her mother died, and she became responsible for herself and three younger siblings. She worked at anything she could turn her hand to. She traded vegetables between the village and the market. She worked with her aunt in the market selling chilli. She made *krupuk* and *tempe* to sell.

She married in 1957. As a minor public servant (he had only completed primary school) her husband's wage was very low, so Bu Suhud continued to search for ways of earning additional income. Her younger brothers and sisters all lived with her and she managed to put them through school, at least to junior high school.

With her two adult children and five staff she now lives in a dilapidated house with walls of bamboo and a leaky roof.

---

26   Unable to confirm this.

With her two adult children and five staff she now lives in a dilapidated house with walls of bamboo and a leaky roof. The front section of the house is used for her *warung* (food stall) and there are tables and chairs set up in the front room for those customers wanting to eat-in. She sells a variety of meat and vegetable dishes, as well as snacks and drinks. Her food stall is well patronised by the students who board in the district, and she is at the peak of her success. Bu Suhud even has plans to expand her business and open up another stall in one of Yogyakarta's busier streets.

She is so successful, in fact, that an enterprising business person is trying to dislodge her from her stall, which is strategically located behind a main road, near the local public hospital. Similarly her envious competitors accuse her of using 'black magic' to further her business. However she claims the only assistance she receives is God's guidance.

Her son has recently completed a degree in Agricultural Technology but has not yet found employment. Her daughter who is partially deaf, has completed junior high school and spends her time helping with the day-to-day running of the business. Bu Suhud is feeling old and makes it clear that her son must bear the responsibility for his sister. She is worried that she will die before her children have married and established themselves.

I was born in 1938, just one day after (Princess) Juliana's (birthday). If I'd had good fortune I would have been sent overseas for my schooling. But I was born one day too late, it was not my destiny to be educated, so I accept it. I'm not educated, but I am quite capable. I work to support my family.

My father died in 1948. My mother went (to work) at the market, and I stayed at home to look after the children. So they were all able to attend school because of me, (because) I was prepared to sacrifice my education. It would have been impossible if no one had made that sacrifice. I was in grade two when my mother died in 1951. I was only 12 years old and already I had to work hard to provide for my sister and brothers. My eldest sister earned her own income, and lived with a relative. I had to support my siblings by myself. It was terrible trying to find food, so that I felt as if my head was going to burst. But

I was honest and I didn't want to steal. (The desire to work) rose from within me, no one told me to do it. I'd attempt something new just by seeing it done and trying it myself. I persevered, making *krupuk* or *tempe*. At first I sold vegetables. I hauled them myself a little at a time. Then I worked for my aunty, selling chilli in Beringharjo market. My wage was only one hundred and seventy five *rupiah* a day. But after a while I couldn't stand the vapour of the chilli, and I became sick.

I married in 1957. My husband worked in the public works building in Gowongan. I felt guilty that I was not working. While the husband must take responsibility for his family, the wife can work but shouldn't have to do too much. I only received seven hundred and fifty *rupiah* (a day) from my husband. How could I have provided for my brothers and sisters, my nephews and nieces, my cousins. My two children, my husband and I made four, but my 'family' consisted of 11 people. All of them left by their parents. If I hadn't put them through school (and) supported them, what would have happened to them? If I had relied on my husband, he would have felt over-burdened and might have had an affair, or taken another wife. The Javanese say, 'When (a husband) who is burdened steps out the door, his wife no longer has any rights (over him)'.

I stopped selling chilli, but I didn't enjoy being idle, so I began trading between Yogyakarta and Surabaya. Many people tricked me, cheated me, so that my business collapsed, (and) I lost three million *rupiah*. I wondered, 'What shall I do now, what shall I sell?' because private enterprise is my (only) skill. I was given some money and told to buy some land. In 1975 I bought this place and opened up a food stall, but it wasn't like it is now. I didn't sell very much. We wouldn't even go through a two hundred *rupiah* block of ice per day. I prayed diligently, at three o'clock, at twelve o'clock, asking for God's guidance. I never stopped working. My daughter (also) worked hard. She was still at school at the time. At 5.30am we would have prepared rice and vegetable dishes, (and then) my daughter would take the food round to the boarding houses. Then the boarders suggested, 'Your poor daughter. Why don't you open a permanent stall (and) we'll come to you to buy (food)'.

Sometimes we didn't have enough cash. I would sell some of my possessions, just to keep the stall going. I never sold anything just for food, but to keep the business going. If I didn't have enough money for the shopping then I sold something so that I could do the shopping. Afterwards I'd count the outlay and the income. Until I got to where I am today. I usually make Rp500,000 a month. But less if it's quiet like during the fasting month. (Because at that time) not many people buy food, they prefer to cook for themselves. If it's quiet like this then (I make) only about Rp300,000.

I have been tested by God many times. Actually I had more than two children, (but) I suffered three miscarriages. I asked God, 'Lord, if I am only to be given sick children like this, then two are enough as long as they are healthy'. (After) that I didn't get pregnant again, (there was) just my son and my daughter. I just accepted it.

I give a thousand thanks that even though I am uneducated, my son was accepted into Gadjah Mada University. If he was not clever, (and) did not have good fortune, he would never have got in. Intelligence will never run out, not till you die. But my son took quite a while to finish his degree. After his father died in 1989, he felt despondent, didn't want to go to lectures. For four years I just begged him to complete (his degree), even if he didn't get a job at least he would have a title.[27] Fancy someone just one step short not wanting to reach the end, pity their parents! (I promised him), 'If you complete your degree I will buy you a new car'. And by the time he finished I was able to buy (him) one. (At that time) the business was not like it is now. We didn't own anything, not even a motorbike. We just had a bicycle, an old one at that. I said to God that my husband had already been taken, there was just the three of us. I asked for a reward at least so that I could 'compete' with the well-off people. Little by little I could afford a table, some chairs, (and) a television. We've only had that motorbike for four years.

There is a saying like this, 'If you want to punch my right cheek, I'll give you my left'. Really I've never taken it to heart when people talk about me. It doesn't worry me. I am one of the 'have-nots'. When the children were at school this house was a mess. In fact, the walls are solid now, at that time they weren't. I sleep out the back. I've never slept on a bed, we all sleep on the floor with a mat. A shed would be better than this. I do not ask for food, whatever there is. Whether it is enough or not, that's all there is. I put (the food) on the table for everyone to help themselves.

My son has just graduated from the Faculty of Agriculture, Gadjah Mada University, majoring in Soil Technology. My daughter only

---

27   This statement, and others like it, indicate the importance of academic titles in status determination.

completed junior high. She's not very capable (and) just stays with me at home. My older sister's son lived with me. I put him through university until he graduated from the Anthropology Faculty of Gadjah Mada. I have taken in my nephews and nieces, and put them through school (and) also my younger sister. I was responsible for them all until they finished their senior high school. I still help them a little. Basically if I have some good fortune I don't keep it for myself, I share it. If someone asks for my help and I am able, I will provide it. As long as it's not money, (because) I don't have any (spare) money. I much prefer giving than receiving. My children ask me why I still support my relatives when I myself have nothing. But I don't mind, I can allocate (our income)—first for my children, than the remainder for my siblings. I just pray and work hard. If I only work a little, then God will only give a little. I pray for good health, good fortune and a long life.

I intend to work until God calls me. If I can't work anymore that means I'll soon be going to God. I'm 56 years old. My daughter is almost middle-aged but hasn't found a partner. My son is also getting older but doesn't have a job, and it's not right to take a wife if you don't have a job. I pray that when God calls me I can leave my children already well-established in life.

If my son obtains work in this land (of Java) then this *warung* is sufficient. He can't (look for a job) outside Java because his sister is unmarried and I'm old. If he doesn't (get a job) I want to expand, buy a vehicle and determine where the good business is, whether it be in Parangtritis, Kaliurang or Glagah, and then I'll open a branch. If there is money and a suitable stall I will rent it for my daughter. She could be accompanied by a helper. I've trained my daughter, but it's rather difficult. Since she was born she's had poor hearing, she should have had an operation. But she is a gift from God, and I don't want to go against God's will, so she'll stay the way she is. There's a possibility that she'll work for her living, but her brother must take responsibility for her.

I've been cheated of over Rp1,000,000 in my business. As usual, looking for other ways of earning an income, (trading in batik) cloth or jewellery. But if that's the way it is then let it be. The Javanese say, 'Wealth can be lost and at any time your life can be taken from you, it's up to God. But wealth can be gained again'. It's reached the stage that my neighbours are jealous of me. Many ask me, 'Bu, what magic do you use for your stall?' But I don't have any secrets, it's just that this house, according to Javanese belief, has a spirit watching over it.[28]

Retail is very profitable, others become rich but not me. Do you know Nyonya Suharti? She's a good friend of mine. She's rich now but I'm not. We started off the same way, she used to (sell her wares) carrying a saucepan, plastic bags and a basket made of rattan, down at Gandekan. But her parents are still alive. She only finished primary school but did some (vocational) courses. She sold chicken and I sold *tempe* and beancurd. During the first year we proceeded at the same pace. Every night she performed an ascetic ritual.[29] She submerged herself up to her neck in the Gajahwong river, from midnight until three in the morning. Her father had supernatural powers, he accompanied and protected her. Now (her restaurants) are in demand, she's famous. She has branches in Bali, Jakarta, everywhere. Nowadays she doesn't submerge (in the river) anymore, she just meditates on the bank. I was invited (too) but I didn't dare. I just pray, pray to the spirits.

I don't feel the same as everyone else. I'm an individual. Not even my siblings are the same as me. You can't say, 'You have to be like me'. My older sister no longer works. Whatever she tried didn't work out. Now she's is unemployed with seven children. In fact she is envious of me. The first and fourth born have never worked like me. It's is only my sister in Kaliurang and I who are willing. I trained her here, then I advised her to set up a stall, with my capital. (I provided) the stove, glasses, thermos, all sorts of things. She's still there now in Tlogo Putri. My youngest brother works as a parking officer at the Gadjah Mada Hotel in Jakarta.

My sister has had an unfortunate life, but she has endured it. She's unemployed and so is her husband, but he took two more wives. It's unbelievable, he's jobless and has three wives. They are all young, his latest wife is younger than his second daughter. If another girl was asked she just might agree! Whether she likes it or not, my sister just has to accept it. She can't divorce him, because there is no reason to. I feel sorry for her. But she has never exerted herself like me. If she had (exerted herself), maybe her children would have turned out O.K.. Her children are drunkards, even though they completed senior high school. I've almost given up hope for them. Children are lent to us

---

28   Her exact words were '*Rumah ini ada yang ngreksa*'.

29   Known as *tirakat*.

from God, (and) we must educate them and bring them up the right
way. If the husband is stupid, then just let it be. But at least if the
mother wants to exert herself the children will follow her example.
Between environment, education and parents, the strongest factor is
community environment. Her children are 'ruined'.

If you have a dual role then you must be able to allocate your
time. When my husband (was still alive) I supported him, took care
of his every need. In the morning everything should be prepared.
When he came home from the office everything would have to be
ready. If my husband left (for the office) at 6.00am, I would have to get
up at 4.00am. If my husband does not earn enough, then (we) both
must work together. My husband is never angry, he accepted whatever
there was. Basically everyone must be accepting. When (my husband)
died I wanted to be taken with him.

People who work in an office have an education. If I could read and
write I would try and find a job like that. But I feel inferior, I can't
read or write. So I must work hard at home or wherever business is
good. I had very high hopes once, but my parents did not educate me.

Locally there is the neighbourhood *arisan*, the Catholic women's
arisan, and the widows' group. But I no longer attend. It's a big
hassle and every few weeks there is another meeting. I used to (attend)
regularly, but after my husband died, the business was a bother, it
became solely my responsibility. If I left it in the hands of the servant
it would be disastrous. My daughter is incapable of handling all the
money. Once I had a servant from Wonosari (who) was clever and I
trusted her, she could handle everything. But she was deceitful, (and)
she took Rp500,000. So now it is my daughter who attends these
social gatherings or Easter celebrations, to help or whatever.

Once I (had a vision), I saw an old lady who was very fat, (and)
wore a breast cloth. It was 2.30 in the morning. My eyes weren't shut
but my mouth was as if it was locked. She said (to me), 'Yes, I'm
from Wudiyan. I'll make sure your *warung* is successful'. Then she
left, carrying a tray, out the back door. I asked my aunt, 'Aunt, I (had
a vision of) an old lady, very fat and not properly dressed. Who was
it?' 'Oh that's your grandmother, grandmother Gepil'. 'On what day
did she die?' I asked my aunt. 'On Monday *Paing*'.[30] The day I saw
that (vision) was Monday *Paing*. I had been given a blessing. Then I

---

30   *Paing* is one of the five days of the Javanese week. They are *Kliwon*,
      Legi, Paing, Pon and *Wage*.

went to Parangtritis. There I prayed, (and) asked for a blessing, for the smooth running (of my business), (and) good health. (My grandmother) appeared again. It was then that my business began to expand and grow. Until now I haven't forgotten my grandmother in Wudiyan. Every Friday *Kliwon*[31] or Tuesday *Kliwon* I go to Parangtritis.

It is my destiny that I have to work hard. If I'd had good fortune my mother and father wouldn't have died. But it was God's will that things turn out this way. I wasn't blessed with anything except two eyes and two legs.

Bu Eti

Bu Eti lives and works much as her ancestors did nearly two generations ago. Like her mother and her grandmother before her, Bu Eti lives and trades in Kota Gede, a historic city to the south of Yogyakarta. She was born in 1949, the second in a family of four children. Both her parents achieved relatively high levels of education, during the last decade of Dutch occupation. But, as Bu Eti points out, her parents' education was not for 'work' but for 'trade'. Her father completed senior high school and her mother junior high school, and then they married. Her father worked as the treasurer of the local tin cooperative (*KPBK*). He also managed and provided the capital for a *gamelan*[32] enterprise called *Kartika Bangga*. Her mother acted as a crop merchant, trading in rice, beans and so on. Later she opened a shop at the family home, selling daily household needs as well. She also continued to work as a dressmaker, receiving orders from neighbours and the children's school friends.

In 1965, in the political and social upheaval following the *G30S*[33] coup, her father was arrested as a political prisoner and gaoled. Life for Bu Eti's family became very difficult as they became 'scape-goats' within the community. Her

31 The combination of Friday and *Kliwon* is considered a special day for matters pertaining to supernatural practices.
32 Set of musical instruments that make up an orchestra.
33 The 30th September Movement, a revolutionary movement responsible for the coup in 1965.

mother tried to keep the shop going, but almost all their capital, goods and material possessions were illegally confiscated. To ensure his protection her father wrote asking her mother to sell all that could be sold. Bu Eti surrendered her own jewellery too.

By the time her father was released five years later, Bu Eti had already married. Because ex-political prisoners were prevented from working, her mother traded in silver and bronze handicrafts, and thread and yarns. She continued her dressmaking, assisted by Bu Eti's youngest sister.

Bu Eti's parents had high hopes for their children. They had hoped Bu Eti would become a doctor, or at the very least obtain an academic title. However the political and social situation at the time was not conducive to these hopes. Her older sister graduated from Home Economics Senior High School and began commercially producing *abon*,[34] and the business is still in operation today. Her younger brother attended the Film and Drama Academy and now works as an office employee at the Academy of Accountancy. Her younger sister completed junior high school, and because of family difficulties did not continue her schooling but stayed at home and helped her mother with dressmaking. She does not work but occasionally trades in food products or *batik* between Yogyakarta and Semarang where she now lives with her husband.

Bu Eti married in the second year of senior high school, aged 18, and has been economically active ever since. She now trades in gold and silver jewellery, and with the guidance of a relative who possesses super-natural powers, she has been very successful. She has five children, the eldest of whom has completed his university education and is now receiving on-the-job training in the United States.

I never reached graduation, I was only in second year of senior high school when I married. (My husband) used to play volleyball

---

34   Dried, shredded meat that has been boiled and fried.

with us. At first I didn't like him, but eventually I loved him. His older brother was a good friend of my father's. He said, 'I would be very happy if you became my sister-in-law', so I just accepted it. He was working at the Yogyakarta Silver Producers' Co-operative (*KP3Y*). My parents were well educated—they did not value wealth or material things but education and a well-educated husband. They feel disappointed that I work like this (trading). They wanted me to become a doctor, at the very least to have an academic title. They were opposed (to the marriage), (and) did not allow me to marry him, but I had already promised that I was ready and able. I was already three months pregnant when I married. Even though I was not allowed (to get married), I just went ahead and did it anyway. I was married in September 1967, (aged) 18. My husband was eleven years older than me.

(When I married) it was my husband who worked. (But) I often bought and sold clothes or other goods. Just small activities that I could carry out from home. Now I trade jewellery as I have been doing for the last ten years. At that time someone said, 'Sis, if there is someone looking for this or this, I have some stock to sell'. By chance there was a buyer willing to pay the right price, the goods were sold and I made a profit. Trading became a hobby, like a talent.

I never desired to work, I had hoped to have a husband with a large salary, everything provided, (and) I would just be a housewife. But God had other plans for me. I only earned money after I married, because at the time my husband's income was only just enough, so I tried my hand at trading. I never imagined I would trade, that I would run an enterprise. (But) if just my husband worked, it would never have been enough to support five children. Then it was a necessity, now it has become my calling. As long as I'm able I intend to work.

(My working hours) are not certain, sometimes I'm out all day, sometimes I don't leave the house. If someone wants to pay off their debts, then I'll wait at home. But if someone wants to collect payment, then I'll go out! My children are aware that I'm often not at home. I go out looking for goods, looking for buyers. Sometimes during a whole day I can't find the person I'm looking for and then I'll try again later (in the day), so I'm out all day. If the children want to eat and nothing is prepared...but I think it is (no longer a problem) now that the children are older. When the children were still young, even though I had not found the person I was looking for, I would have to go home and prepare their food, and then go out again. But sometimes, if I was working and could not go home, my husband would buy something.

I once worked as a promoter, introducing a new toothpaste to the community, giving presentations to women's organisations. I was very successful at that time—I could earn up to Rp400,000 a month. I once worked for Avon as well, but not anymore. (Recently) I tried Amway, but I didn't go ahead with it. I'm not interested because if there is an order we must pay first, and the goods won't arrive for another week.

I have a plan that when the children have finished their schooling, (I will) design small pieces of jewellery. I have a craftsman (who can make them), not here, but at his own location, and then I will 'deposit' them with other traders. But until now I've only done a bit, just rings, earrings, nothing very big.

I have five children. My (first) child has already finished, he graduated from Electrical Technology at Gadjah Mada University. So one of my wishes has already come true. My eldest daughter has almost completed her Archaeology degree. Her sister is at the Academy of Finance and Banking (AKUB), almost finished. And then there is my other son and my youngest daughter, both of whom are in second year of senior high school.

My hope is that (my children) will get good jobs. I hope their employment will be related to their studies, but if they want a side-job they could do something like me. When they get married (I hope) it is to a good person, not necessarily rich, but more importantly independent. Whether they be men or women, they should both work. If they can't make use of their schooling, then they could run a private enterprise, trading like me. Or they could do a hairdressing course and open a salon, or do a dressmaking course or a make-up course, something like that for the girls. Better still they could work in an office. My second daughter doesn't do so well at school, so I've suggested she do a (vocational) course, to assist her when she marries, so (that) she can help her husband.

I never completed my schooling, so now my children must complete theirs. When I die I can't leave them a house (each). My task as a parent is to spur them on so that they complete their education. With wealth, if there is a fire it can all be lost, but not with knowledge. My second daughter (and) her fiance would already like to get married, but my principle is that only when they have completed their schooling can they marry. I often tell my youngest daughter, 'Oh don't, there's no need to have a boyfriend right now'.

So far I only trade by borrowing goods (from the seller)—I don't provide the capital. My only capital is trust, people trust me. In fact that is a big responsibility—if I lend the goods to the (wrong) person, the consequences are like this, someone pawned them. I'm in a bit of bother at the moment, but even after I have overcome this problem I will still trade, because this is the only time I have faced an obstacle. Probably because I was not careful enough placing the goods—I believe too easily in people whom I hardly know. That's the trouble with trading jewellery.

Sometimes in one month I can earn a lot, sometimes not so much. Traders (must) look for openings in the market. Therefore my income is variable. Sometimes I rely on orders, 'Oh they need this (item), so I'll find it', but if I have excess stock I will look for buyers. Sometimes I have pieces made up, (and) what do you know, they're in demand! Occasionally I try to sell some less expensive items. As it turns out it takes too long and I make a loss. It is seasonal. During the time approaching *Lebaran*[35] many people want to buy jewellery.

Sometimes profits are slow just when my children need money for school fees. Unfortunately, sometimes my stocks are not suitable for the customer's needs, or the customer needs something in particular and I can't get it. Earlier a customer ordered a ring worth Rp2,000,000, another wanted a bracelet worth Rp15,000,000, but my stocks are with someone else so I couldn't sell to them. It was a pity, a wasted opportunity. There is lots of competition, (people) often trying to get ahead of each other. I rarely go to the market (for that reason)—I prefer going from house to house. Often the neighbours take some of my goods to sell.[36] I prefer it like that rather than someone whose house I don't know.

Many women now work as housewives and help their husbands earn an income, (they) add to the family income. Already some husbands and wives earn as much as each other. The term 'to help' is no longer (appropriate). Earning an income is beneficial because even if the husband's income is sufficient, her earnings can be saved for the future. I don't want to rely on my children's income. My task as a parent is to educate my children as far as possible so that they can support themselves in the future. I prefer to work now, and when I can no longer work I will have some savings.

35   Islamic Holy Day, marking the end of the fasting month Ramadan.
36   With the intention of selling them and making a profit on the price they pay Bu Eti.

The negative effects (of working) depend on the person, on her role. Now many women are often away from the home, but in fact they are not earning an income but looking for some entertainment. I see many wives of big officials—they have many positions in this organisation, having meetings here and there, acting as treasurer for this organisation and so on. Actually they don't have to work. If I earn Rp1,000 I would feel happier because that would be from my own efforts. I feel more proud to earn Rp1,000 a day than to organise this and that activity without anything to show for it. Sometimes my husband doesn't realise that I earn more than he does.

If you work in an office you have a fixed wage, but private enterprise has its ups and downs. This month might not be as you had hoped, it depends on how (much) we work. In a day I might look for five people and only two will buy, or sometimes from three people no one will purchase. When working in the office you can also make contacts for your children.

I am involved in the Applied Family Welfare Program (*PKK*), and the *Kadersehat*[37] program especially for infants and pregnant women. Every month we weigh the babies, and give out extra food for the children and vitamins for the pregnant women. I was once the chairperson for the whole district, for a period of five years. Then I resigned, demands at home being the reason. I have limited my involvement in social organisations because of all my (family's) needs; the higher my children's education, the higher the costs. It is more important for me to work. But I can't just free myself of all obligations in the community. I am the organiser of the *Dasa Wisma* group, we meet every two weeks. The *RW* arisan is held every Sunday, and there is another meeting at the district level. The strange thing here is that the meetings are all held at night, because during the day all the women have jobs to carry out. Another organisation is the Mature Aged Women's group (*Usila*), especially for women who do light exercises each Tuesday and Saturday morning. I am the organiser but I never take part in the exercises.

Here in Kota Gede, there is hardly a woman who does not work, be it minor. Even though her husband's income is large, most women still want to work. It's a trait from our ancestors, women here who do not work feel embarrassed in front of their neighbours. Even though their income may be small, they still want to find employment. For

---

37   Literally, the healthy next generation.

example a woman whose husband works in an office, with a large salary. If someone offers her some goods, 'Ma'am, try to sell this for me', she will certainly try. She has the desire to earn an income.

Mbak Ratmi

Mbak Ratmi was born in 1955, the second of five children. Her father put himself through university, obtaining a Bachelor degree in Business Economics, while working as a public servant in the Public Prosecutor's office in Yogyakarta. By this stage he was married with several young children. Her mother, who had attended a home-economics junior high school, carried out various home-based activities to support the family. She acted as a cement distributor during the time when building materials were hard to obtain. Later she ran a corner-store type shop from home, selling household daily necessities such as rice, oil, coffee, and sugar.

Mbak Ratmi's parents placed great importance on education, even though money was scarce. Her older sister married after completing junior high school and now works, like her mother before her, trading building materials. Her younger brother attended university but did not complete his degree. He now works at the Public Prosecutor's office. Her younger sister completed senior high school, and recently became a nun, working in Probolinggo. Her youngest sister is still at university, and helps out with the running of mbak Ratmi's dressmaking business.

Mbak Ratmi graduated from the Home Economics Senior High School in 1973, and has been dressmaking ever since. When she married in 1975, she gave up her employment outside the home, and combined dressmaking with raising her two daughters, now aged 17 and 15 respectively. Since the death of her mother in 1985, the family has lived with her father and youngest sister in the family home. Her father has since retired from government service, and now works for his relative's contracting firm. They do not employ a servant. Mbak Ratmi combines domestic chores and dressmaking into her busy schedule. She does not advertise her business and there is no sign outside her house—she relies on word of mouth to bring the business in.

At this stage of her life mbak Ratmi has no desire to move forward. She feels her life is stationary or even moving backwards. Her task is to look after her husband and her children and to pray for them. She feels that is all she can do.

I attended Family Welfare Senior High School, which provides preparation so that if you want to continue your studies you have a field to develop or if you want to get married you already have some skills to run an enterprise. At the time our household economy was difficult. I had to sew *batik* dinner sets to cover my school fees. I graduated in 1973, aged 18. I then moved to my aunty's house for one year, where I ran the household, just like a servant, getting up early and going to bed late. But the good thing was I learnt how to cook good food, and which nutrients were good for children. In 1974 I returned home, and began work at the Liturgical Music Centre (*PML*). At my house there was a sewing machine but I didn't put up any advertisement. One day a woman came asking 'Do you receive dressmaking? Can you make this?' 'Of course', I answered even though I was wondering whether I could or not. I just made it up as I went along. Because of my education, and because I was blessed with the skill to sew, and to fill in my spare time, I did dressmaking while still working at the *PML*.

At that time I joined the church choir and met my future husband. I wasn't accepted because of my voice, but because of my skill in sewing uniforms and hair dressing. In 1975 the choir was invited to Germany, but my future husband asked me to leave *PML* because we were to be married. In 1976 I had my first daughter, and one more in 1979. And ever since I have been dressmaking.

My husband finished senior high school and in 1970 began work in the audio-visual department of *Pusat Kataketik*,[38] a preparatory college for teachers of religion. There is also an audio-visual section. His father had previously run a photo studio, and had my husband not left *Puskat* in 1983 and taken over the business, it would have closed down. Photography, camera servicing, and slide reproduction are his skills. His younger brother develops the reproductions because my

---

38   College for teachers of (Catholic) religion. It is known colloquially as *Puskat*.

husband cannot tolerate the chemicals. It is a self-run business, we receive requests directly, and we have developed the business ourselves. Just like my (business), the business is run from an ordinary house. There are no advertisements, but everyone knows because such skills are quite rare and difficult to find. I have my own expertise, my own work, so we understand we each have our own tasks.

While working at *Puskat*, my husband's salary was small, and we had many needs, so my sewing was able to fulfil our daily needs. The children were still young and needed a lot of milk and good food, and I could provide that for them. His wage is for schooling, and extras like a T.V, a tape recorder, (and) a second-hand motorbike. Even now his income is more than mine.

Thank God every day there is work to be done, I've never been idle. I have many regular customers. I do good quality sewing, but I am never on time. I admit I am not disciplined about time, that is my weakness. Maybe it is because I work alone. If I had a friend to work with, not as employer and employee, but as equals, (it would help). But it is difficult. In my opinion the (pieces of) cloth must first be ironed and only then can they be sewn together. Not everyone is so conscientious. Also, the customers can often feel if the garment was not sewn by me, it won't feel right. Once I hired someone, but she got married and opened her own business. I'm not patient enough to teach (someone new), and those that are already (skilled) don't want to work for anyone else. (My youngest sister) does the public relations, going out, buying the materials and delivering the garments. She's very vital (to the business).

After last Christmas I spent three days holidaying at Sarangan. But I didn't enjoy it—I kept thinking of my responsibilities at home. I couldn't relax. Sometimes I wish I could reduce my workload but as it turns out I can't. (In our house) we don't have a (servant)—well really, I double as the servant. My husband does not make demands about (my role) in the kitchen. I don't always have to cook, (so) we buy prepared side-dishes.

My hands are blessed, (so that) I can sew well. If I couldn't, all my customers would have left. Indeed they all say that my garments are comfortable (to wear). I already know the likes and dislikes of my regulars, I know their favourites. I have been sewing for nineteen years, I don't need to think any more, I can do it automatically. (I'm) sick and tired of it, I'm bored working by myself, but I have no other skills.

It's a blessing that (my children are clever), because I'm uneducated. I can't educate my children, (I) don't do enough reading. All I know is to provide for them and to pray for them. That's all I can do. We have never dictated that our children must do this or that. We respect their wishes. (Their education) is up to them, we'll just go along with what they decide.

I want to expand my activities to train my youngest child. I'll keep dressmaking but develop another enterprise, for example cake-making. She is at Home Economics School, in the Cookery department. At least if there are some orders in the future she will already have had some experience.

My elder (daughter) appears to be more academic, but I don't know in which field she wants to work. But I really hope that (my children) do not have to continue (my business), there are many other opportunities in which the children are more interested. So far I've never forced them. For example, if they want to work or be housewives, that decision is in their own hands. Marrying at a young age has its good and bad aspects, (and the children) can see that for themselves. If we, as parents, are in the wrong then they can tell us, and we will listen, it's a democracy. Their future is in their hands. I can only emphasise 'I can provide your education, but you must study diligently, so that you become a proper person, not a scarecrow in the fields'.

Because I work at home by myself, there are not many pressures. I have no superiors or subordinates. If you work in an office with superiors then you must be tolerant. But I have my difficulties. I have to serve all sorts of people. Sometimes the mood of the customer will affect the garment. If she's in a bad mood, she'll be fussy, hard to please. I have to display all sorts of personalities, serve people from different sectors of society with varying levels of education. If they're well educated, they're usually fussy. If they are simple people, then I serve them in a simple way.

Berperan ganda means to function as a wife and an income earner. All this while I feel I have only helped, helped lighten my husband's load. If the children need something, or there are household needs which I can overcome, I will. If I can't, I just have to report (to my husband). But my husband is the commander—just one (leader) according to Javanese (custom). There are good and bad things about women who work. The demands of today, lifestyle and trends are heading in that direction and the opportunities are there too. An advantage is the extra income, but sometimes women have difficulty allocating their time. (They) are usually more dominant, have more authority.

Because I work my children appreciate my efforts more, they know when I have to work overtime, and they will be more diligent at school. If the children are studying at night, I accompany them while cutting (materials) or whatever I can do that is not noisy. I don't just go to sleep, so the children feel there is some support.

If you work in an office you have to be on-time. But you also have lots of friends (colleagues). In the office if you take a day off to look after a sick child, your wage will be reduced. If we work in public there is more pressure, we must wear proper clothes. But at home I can wear shorts and a T-shirt and that's O.K. If I don't take a shower it doesn't matter. One of the advantages of (working) in an office is that we gain a wider perspective (on life). I think that whether working from home or in an office the monthly income would be the same. (My monthly earnings) are around Rp200,000, sometimes more, sometimes less.

I have never enjoyed social organisations. If I'm in the mood to attend *arisan* gatherings I will, but if not then I won't go. I don't like organisations like that, I don't want to mix with people. I'm not interested in joining a (women's organisation). There used to be some activities with the church, but I don't attend any more. I don't have any other activities, I'm too busy.

Nowadays I feel as though I'm going backwards, like women from the last century. Basically, my task is to look after my husband, my children, to work, and to pray for them. That's all. My idol is a village woman. She has served her husband faithfully for almost 50 years, but also worked—heavy work, carrying heavy loads of produce from the village to sell in the market. (She did this for) years and years, until all her children reached junior high school. She is just a village woman, sincere, plain, (and) like her faith, which is also simple but very deep. She is illiterate, so she memorises the prayers. I can feel it, not very sophisticated, but her children have all become (good) people. She has six children, her three boys have all become priests. Her daughters, one is a nun, one works in the nunnery, and the other stays at home to look after her mother. Sometimes I pretend that she is my mother, (and) when I go there I sleep in her bed.

So I'm going backwards now, not forwards, just take me as you find me. As long as I'm neat and clean. Basically she's just a simple village woman, but all her children are successes, they all have status. To 'become a person' doesn't mean we have to be rich. It means to live properly in accordance with God's wishes. And at the very least, to be respected by society, even though we are not of high status. Because without status or wealth, we become marginalised people, (and) our voice will no longer be heard.

Bu Rina

Bu Rina is the third of five children, born in the historic city of Kota Gede in 1960. Her father holds a degree in Economics and is Vice-Rector at a large tertiary college of economics. Previously he was a prominent figure in the Indonesian Nationalist Party (*PNI*) and this has no doubt assisted Bu Rina in her rise to her position in the People's Regional Representative Assembly (*DPRD*). Her mother completed home economics secondary high school, but was never active in earning an income. She spent her time bringing up her children, and more recently her grandchildren. Bu Rina's parents encouraged their children to further their education. Her father even promised that if she completed her tertiary education, he would find her a job in a bank with which he had connections.

Her older sister completed a minor degree in English Literature. She then got married and has not continued her education. Her older brother is an engineer, and works in an LPG factory in Kalimantan. Her younger sister holds a law degree, but has never practised her profession. She lives with her husband on the industrial island of Batam, off the coast of Sumatra. Her younger brother has completed senior high school, but did not continue to higher education because his parents considered it to be too stressful for him. He now works in one of the many silver craft businesses that Kota Gede is renowned for.

When in senior high school, Bu Rina dreamed of becoming a doctor. But her schooling was interrupted when at age seventeen she became pregnant and had to get married. Her husband was twelve years her senior, and at the time worked as a public servant in the Department of Religion. He has since retired. In between having four children and single handedly supporting her family Bu Rina managed to complete high school, although she never finished the economics degree that she started before the birth of her third child.

Bu Rina lives with her husband and children, aged 17, 15, 11 and 9 respectively, in the complex of houses occupied by her extended family. She runs a successful cake making business and is an active member of the *DPRD*. For the day-to-day running of the business and the household she is able to employ three staff and two domestic servants. She also supports the servant who looked after her as a child, and who is now too old to work. She is active in various women's and wives' organisations, both within and outside the local community.

I was very young when I got married, only 17. My husband was a neighbour, the Javanese say '*nggo ngepek nggo*'.[39] At that time I had not (finished school), so only after I married and had two children did I go back to school. I moved to a new school and started again from first year of senior high school. After completing high school, I went on to the Academy of Finance and Banking (*AKUB*), where my father worked. I had just reached fourth semester when I became pregnant with my third child, so I decided to withdraw. Actually I could still concentrate, but I couldn't disregard my family's needs. If I didn't work, there wouldn't be enough (money) for our daily needs.

I was more inclined to business to earn some extra income. I was very concerned, (and often wondered) 'Will I be able to look after my children?' My children were still so young so I looked for ways to earn money while staying at home with them. I had always enjoyed (cooking). In junior high school my teacher had taught me how to make dollar cakes. I tried making cakes, just small items, just using the stove, and I sold them to local food stalls. As it turned out, through word of mouth, many people began to buy from me. I wanted to expand, (so) I concentrated on cakes, and after a while the business grew. We receive orders for parties, receptions and ritual ceremonies. We also prepare cakes for the (women traders) who go around (from house to house) selling cakes. Each morning they take cakes to sell, and then in the afternoon, they pay (their dues). Food preparation only

---

39   A neighbour marries a neighbour.

requires a small amount of capital, but can be very profitable. But it definitely requires a lot of time and energy.

Just five years ago I began employing some extra staff. Before that I did it all myself. Once one (of my staff) left and opened up her own business. My three employees (now) are all relatives. They would be too embarrassed to set up as competition. When I get home from the office, I slice the cakes. Although it looks easy, actually it's difficult. And if we don't get it right, it will look like poor quality produce that is sold in the market. Actually these cakes are good quality, middle-range produce.

Praise God that I am where I am today. (But) this is the success of ordinary people, not a conglomerate. Pretty good, from humble beginnings now I have two ovens. All our family needs are met from my cake business, and my work at the People's Regional Representative Assembly (*DPRD*) is just incidental. At the most (it will last for) five years, I can't count on it after that.

I never dreamed of becoming a member of the *DPRD*. By chance a friend from the PDI commissioner's office put my name in, and I was asked whether I would be willing (to take up the position). I am in the district level DPRD, in Committee C which carries out infrastructural development. Building projects are known as *Cipta Karya*, the building of primary schools, health infrastructure such as the building of Sub-District Health Centres (*Puskesmas*), and houses for school principals. The building of roads and bridges is called *Bina Marga*. There's another section which controls tertiary irrigation, the small channels in the fields. So my task in the *DPRD* is as a government control agent. I often go and observe the project. Because government projects (use) government money and public money, supervision of the quality of the work is in the self-interest of the public too. If we discover something not appropriate we just report it to the District Head. We must attend at least 14 times (a month), the more often the better. Each night I have to read the planned regional regulations. If we don't read a lot, we become like statues.

Now that there is an opportunity to be in *DPRD*, I am taking advantage of it, because it's very difficult to get in. (You gain) much experience, meet many high officials. If they asked me to stay on another five years I would because I am gaining much valuable experience. My (enterprise) is not yet professional, because my time is occupied by my office work. Later on when I'm no longer involved in *DPRD*, I have a plan to open a shop. I already have the place, by the roadside, near the market. At the moment I'm renting it out. I just have to gather together the necessary capital.

My husband only completed senior high school. He used to work as a government servant in the Department of Religion, but then he resigned because his wage was very small. After that he opened up a roadside stall selling petrol and cigarettes. (But) my husband was not diligent enough, could not be depended on, (and) after a while all his customers left. In 1985 he closed the business. He worked for two years as a labourer for a building contractor, then after I became a member of the *DPRD*, he resigned again.

So I became the primary income earner after I joined *DPRD*, although from the beginning I was the main source (of income). My husband's earnings are just additional. So I provide the costs of education, this house, daily needs, clothes and so on. I have had a difficult life. Even when I was a new bride my husband's income was not sufficient, (and) I had to look for some additional income. As long as I'm capable I will work to provide for the future. I don't want to be idle. It's not good to be idle.

If I was to open a shop, both of us must work. My husband out the front looking after the finances, and I would be the instructor behind (the shop). For that reason I'm not prepared to open yet, if the person out the front could not handle it, it would be very risky. The baking would still take place here, because according to Javanese custom this place is conducive to earning a livelihood. The new place might not be as busy as here.

The cost of living in Indonesia is cheap, especially in Yogyakarta where you can get rice and a side-dish for Rp100. If we earn about Rp1,000,000 (per month) it will be more than enough. My income is variable. After employees' wages, servants' wages, electricity and so on, my enterprise clears about Rp300,000–400,000 a month. And from *DPRD* I receive Rp390,000 (a month). But I have obligations. Each month I must pay off my car, (and) pay my children's scholarship fund. I also pay for a private teacher to tutor my children. Actually I feel that is a mother's responsibility to educate her children. But I don't have the time, and even if I did I wouldn't be patient enough. If I teach them and they don't understand I get annoyed. I want my children to be like me, to be able to do everything quickly. Sometimes I lose control and say things about their work that I shouldn't, like 'idiot!' My children would not want to study anymore. So I bring in a private tutor. The children still have many needs, and I place more importance on the educational needs than, for example, the possession of material goods but my children remain uneducated.

I encourage my children to study hard, they must graduate. At the very least senior high school, the higher the better. As long as I can pay for it, I will educate them as far as possible, while they are still interested. Even though they work as an enterprise or whatever, it's up to them, parents can not force their children. I hope my children will succeed in their schooling, whatever direction they take later on. If possible, not like me, my schooling was a mess. So I hope both my sons and my daughters will finish university, find employment and only then get married. Whoever they want to marry, choose a husband or wife of whatever sort, it's up to them. I have no criteria.

My parents did not differentiate between the boys and the girls. They hoped I would succeed, at the very least obtain a title, because I certainly had the chance. But as it turned out I did not want to be directed, so I turned to private enterprise. I also want to implant in my children (the idea) that it is up to them where they want to work. If they want to succeed in terms of material concerns I think there are more opportunities in private enterprise compared to becoming a public servant. Private enterprise is both easy and hard. For example I provide the capital for my child to open a shop or whatever, but if that child doesn't work hard, does not struggle to improve the business, it would be difficult. If they start from the bottom, from nothing, they will feel guilty if they do not try really hard. If they are just given everything, it is 'kurang prihatin'[40] according to Javanese belief.

People who work in an office usually have more authority, they are valued, the community will respect them because of their position, for example as a public servant. Even though private enterprise will be more financially rewarding, the office person will have a higher status. So if we want to become a person of high status, we must study hard. Another thing that helps is contacts. Even though (people) say that it no longer applies, (but) it still does.

Especially here in Kota Gede the women do not want to remain idle. Even if it is something small they will have a side job. There are many opportunities around here, many silver enterprises, convection enterprises—ready-made clothes where the women can earn an income at home. They don't have to go far. For example attaching stones (in jewellery), making the boxes, cooking food to be sold at the market,

---

40   In this context, the phrase 'kurang prihatin' means 'spoilt'.

dressmaking where they pick up the materials and sew the garments at home. There are also a few women becoming (jewellery) craftspeople, even though this is usually a man's (job). Because of all these work opportunities, they feel it's a pity if they don't work. Apart from being able to add to the family income, women can save their own money in case something happens.

Nowadays, due to women's emancipation, it's not like it used to be in my parents' time when women were known as '*kanca wingking*',[41] and just stayed in the house and cooked. I think I am a dual-role woman because I am woman, at the same time the head of the household. I run a cake business, and outside I am a member of *DPRD*. I never aimed to become a dual-role woman, but because our circumstances deemed it necessary, I had to take on a dual role whether I wanted to or not. There are definitely some advantages in it, because we are not static (and) we must consider our children's future. As an entrepreneur I must consider my next step, for example opening a shop. We are required to raise our material standards for our children. And for example, if I was not a member of *DPRD*, I would never have studied regulations. Now whether I want to or not I must study. I have become more knowledgeable, I have broadened my horizons. If we don't keep up with developments, we will be left behind.

There are more advantages than disadvantages. However, there are some negatives because those who are determined to be career women must be able to divide their time between their job and their responsibilities. However high the position, household responsibilities cannot be left behind. If she strives only for her career, her children will become a problem. Children need not only money, but also love and guidance. There are many bad children now, the victims of parents who strive too hard for material wealth. If the woman cannot allocate her time, her family will become a burden. For example, her husband doesn't get enough attention so he will go and have an affair, or the children will be drunkards, ruined. Women must have a dual-role if there is no one else to provide for the family. If that is not the case, then they need not have to have a dual-role. They can take on a side-job as a way of adding to the family income.

At the local level I attend the *Dasa Wisma* arisan, and the Government Sub-district Centre (*Puskesmas*)carries out the weighing

---

41   A woman behind the scenes.

of children at my house. Then there's the Applied Family Welfare Program (*PKK*), where (the women) of the whole village get together. Outside of the local community I am involved in *PERWANAS*[42]—a women's organisation which function in the fields of social and politics. For the district level I am the secretary. We run three kindergartens, they are known as Dharma Bakti. Even though most of the women are from *PDI*,[43] we describe it as a women's organisation that does not affiliate with a particular party.

Mbak Asri

Mbak Asri is the second of three children, born in Yogyakarta in 1963. Her parents were landless farm labourers and did not complete primary school. Her father was the son of farmers and her mother was from an artisan's family. She had worked as a *ketoprak* player. The family did not own a house or have their own land to till. Despite this her parents placed great importance on their children's education. Even though the children could not afford shoes, her father was determined that the children complete their primary school education.

To improve their standard of living, her father left farming and became a construction labourer, building roads in Boyolali. Her mother ran a *soto* stall, and the income derived from this was sufficient to cover the family's daily needs. All three children had to help with the preparation and serving of the food, usually before they went to school. Later her father became a trader in teak, gathering enough capital to open a workshop. The children were also involved in this enterprise. This was so successful that he was able to purchase a small piece of land, which he then proceeded to sell when a buyer came along. Thus began his (and subsequently his daughter's) career in real estate and housing development. Her father obtained more and more land until all of this fashionable suburb was divided up. He built small

---

42   Indonesian National Women's Movement, previously known as Democratic Women of Indonesia.

43   Indonesian Democratic Party.

houses on the lots and sold when the market was ready. They sold readily, or as she says 'like fried peanuts' ('*kayak kacang goreng*').

By that stage the family's economic situation was stable, and both mbak Asri and her older sister were attending senior high school. Her sister went on to set up a make-up salon, which she still runs today. Her younger brother is still in senior high school.

Upon graduating from high school, mbak Asri married against her parent's wishes. As this meant leaving her father's employment, once again her life started from scratch. Her husband had completed high school and worked as a soccer player and coach. At the time of the interview she was happily married with three daughters aged 13, 11 and four years respectively. They live in a large two-storey house, together with eleven boarders and six employees, in a prosperous suburb in northern Yogyakarta. Only recently has she been able to enjoy the benefits of her hard work during the past thirteen years, and is now concentrating on saving for her children's university education.

I was born of a humble family. My parents didn't even complete primary school. They encouraged me to further my education, but at that time there were too many distractions. My marriage had been pre-arranged, (and) from junior high school that man lived in our house. By senior high school I couldn't concentrate on my studies because I couldn't stand my home. I was worn out from working and I couldn't think. Aside from that I was already seeing someone else, my *jodoh* was waiting for me. I used to play volleyball and he soccer, we would meet at the oval. He was amusing, he'd say, 'Ha, you'll soon have a husband'. I'd get angry because I didn't like the man my parents had chosen for me. 'I like you', I'd reply. I was only joking, but now it's true. At first he wrote to me, and I don't know why but I wrote back. We rarely met but during holidays he'd come home and we'd secretly meet. I had to sneak away because my parents didn't approve. Eventually I ran away and married him. It was 1981 and I was only eighteen years old, just graduated from high school. My life with my husband began again from scratch. At that time I didn't consider working. I had left my father's employment, but I already had an idea that one day I would need to (work) like my father.

At that time we only just had enough to eat. I kept thinking that if we spent all our income just to live, we would never have any savings for the future. Our needs were covered by my husband's income from working as a soccer trainer, but later our children would require more expensive schooling, (and) I would have to start to save for that now. I asked my husband, 'What if I try to run something small, we would have more money, we could save your income?' I was allowed to and I began catering for the boarders, but it was tiring. When I had some more capital I opened up a small shop, but there was no profit in it. Then I opened a food stall and small goods shop, but many people owed me money. It was not profitable so eventually I returned to work for my father.

My father was 53 years old (at the time) and I felt I should be able to continue his enterprise. Our main business was the buying and selling of land and houses. I slowly got involved in executing building, contracting builders for other people, in return for ten or fifteen percent of the total value of the building. But I don't like joint ventures where two parties join their capital. It might start off well but later if there is friction the whole thing might collapse.

(I'm not) like my older sister. She is a bridal make-up artist, (but) she's not active, she hasn't developed her salon. I am always striving, don't just stay in the same spot. For example these wedding decorations, automatically people will (ask), 'do you have folding chairs?' So I wanted to own some. I had some savings and I could buy them. I rent out these folding chairs five times and earn Rp250,000. Wedding decorations[44] bring in Rp175,000 per hire. A government servant couldn't (earn) that. Later I could rent out marquees, party equipment and crockery. But if I was to buy it all at once, the Javanese would say 'kurang prihatin',[45] We are more careful when we have to struggle.

It's my destiny to work like this. People say I am a woman with the strength of a man. I have many ambitions, but I have to juggle my business, my children and my home. I'll do anything, as long as it's permitted by Islamic law, (and) not evil. If we have a big business we

---

44 Decorative back drop, chairs and tables for the bridal party.
45 In this context, the phrase kurang prihatin could mean achievement without effort is of little worth.

mustn't forget the little jobs. Like our boarders, they help the economic wheel.

I employ workers, twelve here and five in Jakarta. I provide them with a wage, they give me their labour. But we must be socially responsible, not consume the profits by ourselves. On Sundays I give each of my workers Rp1000; 'Here, this is for drinks'. It's not much but it means a lot to them. We must remember their worth. Sometimes labourers are just squeezed, (and) no attention is paid to their welfare, there are many cases like that in Indonesia. My parents warned me, 'if you become successful don't forget those below you, because you yourself are from a humble family'. If one of the workers is sick I'll take him to the doctor, and even though he's not working I'll still pay him. The workers, even though they're out the back and my children and I are inside, eat the same (food) as us. If (we) have chicken, everyone has chicken. That's why they feel at home here. They help me earn a living, it's they who bring in the money. I just sit at home, they work, I earn a living because I am the trusted party. I don't want to have to go looking here and there, its enough that I stay at home and the customers come here. By word of mouth, I inherited a trusted name from my father. So we must always protect our reputation for honesty, service and trust.

My father had wanted me to further my education as far as possible, but now he gives thanks. 'As it turns out (you) my daughter never attended university, (but) you have continued my business, followed my steps. You must keep going, don't ever give this away'. That became my principle—the buying and selling of land and houses (is something) I will never give up. Wedding decorations, catering orders are just secondary activities. The main thing is real estate, selling land and houses, and the contracting of housing projects.

My success has not been long. I have been able to enjoy all this only since my youngest child was born, four years (ago). Father delegated to me, 'you have to be able to run this by yourself'. Before that I was dependent on my parents, now I can make my own decisions. I have followed my own career path, because since my youth I have always worked. I don't have any capital, my only capital is trust, (and) my mouth, 'If you trust in me, I can help you', like that. Not bad eh, I can earn some money. If not I couldn't afford to buy a motorbike, (and) to educate my children. I started off just helping, now it's a profession.

As it happens I earn more (than my husband) because I'm not fussy about what I take on. My income is not fixed, it depends on my movements. If I think about it, my portion of the work is greater, I work full-time. My husband is specifically a soccer trainer. I organise the crops, the wedding decorations, the labourers, the children, so many (tasks) so that I feel 'help! I don't get enough rest'. Sometimes I would love to take a break, but I can't leave my work. Except if the workers take a holiday, then I can too. But if they don't work I feel for them because they won't earn enough to eat. I want to work till my children attend university. When they have finished, I will still work but not so much. I don't have long and short term goals. My only target is that in one year I must invest, I must earn a certain amount.

If I had furthered my education I could have (worked) in an office. Now I am glad that I didn't because I can work from home. I don't have to stay at home all the time, but I can be at home (when I need to). My children need supervision. Like this, I work but my movements aren't obvious, I'm a housewife. God willing I would like to own an office on the main road, but right now I don't have the money for it. If I had an office I could organise the wedding decorations, chairs and equipment. But if I have an office I have to take responsibility for the risk (of neglecting my children). (Because) if I (work) at the office, I am away from the house.

I tell my children, 'You know this earns money, this money can be collected and you can buy something else that we can rent out, we can develop our money'. Since I was born I was the child of 'have-nots'. So now I must make sure I am not a 'have-not', to not have is to suffer. Now all I have to do is protect my business, protect my home. Don't let my business be successful at the expense of my family. Many business women's families fall to pieces. I must set aside time for my children, my husband. If my husband says 'You're out often', that means he needs my attention, and so I try to limit (my activities). I must be prepared to take my children to school, the morning is an important time for me to give advice to my children, their memory is still fresh. I warn them 'If you don't obey your mother, if you don't follow the right path, it will be you who suffers'.

I regret now that I didn't further my education, but I don't blame anyone. Blaming is not good because it holds us back. It's enough to regret, but we must attempt to alleviate that remorse by doing something else. I hope to educate my children as successfully as possible, then they will be worth more than I. Capital can be lost but intelligence (and) expertise can not. I give my children educational capital to be used for work, because if I only give material capital it can be used up. If the children have expertise they will find work easily. But I had to look for work without skills. If they reach university they will have something to hold on to, they will have a title, and people will believe in them.

I really hope (that my children will do as I have). But I would never force them, 'You must follow in my footsteps'. If they have the (necessary) talents that's good, but if not don't (force them). So if (they say), 'Ah I want to work in an office, that's O.K. too. Where they want to work is up to them. Because they shouldn't feel pressured, if I pressure them, they will be unhappy and it will not work out. I want my children to finish school, work and only then get married. Not like me. I tell my children, 'Don't do what your mother did. If you do your life will be very difficult because the standard of living (now) is higher, current demands and developments are different. Let only your mother experience all this'.

Business people face many difficulties and risks. Once a man wanting to buy land (approached me) and made an agreement with me, but after he obtained the land he abandoned me, even though I'd already organised all the paperwork. But so far, praise God, I have been able to manage everything. There has never been a problem which I could not overcome.

If you work in an office then work hours are determined, leave at eight o'clock in the morning, come home at four, that's it. But at home it feels like my work is endless, until late at night. Any time a person requires my help I will go. People who work in an office have time to rest. But that is not always the case for me, sometimes I'm at home all day, sometimes I'm out all day.

If the term 'dual-role' woman means a woman who (functions) as the head of the household and at the same time a housewife, I don't want (to be called that). I have a dual role in that I (function) as a business woman and a housewife. I have a husband who provides for me, it's just that I don't want to be unemployed. Dual-role women have a greater worth than the role of mother. A mother is just a housewife, but if we can function in another field then we have greater worth.

I am involved in (a few) community organisations, if someone asks for my help and I am able, I will give it. Here I am an organiser for the local women's group, I manage the *arisan*. But I am not involved in any women's groups, such as the Organisation of Indonesian Business Women, I'd be too busy. At the village level I join in the *arisan*, but as a member only. The most important thing is that I am involved in the community, mutual cooperation. (In this suburb) I am acquainted with judges, professors, doctors, engineers, business people. So I carry out my public relations work in the local women's group—I don't need to advertise. My neighbours (do that for me), 'Oh I know Bu Asri can do that, and that'.

Chapter Four

Conclusion

Listening to these women's stories and analysing the results it becomes clear that they raise many of the same issues. From this one can conclude that the issues raised are ones of concern to Javanese women today. The findings can be grouped into a number of general topics—work and the experience of work; conflict between family and work roles; the relative importance of education; and hopes for the future and their children.

Although the women I interviewed were all from the same ethnic background, their range of experiences and opportunities varied enormously. Their family backgrounds, religious beliefs, education and social experience have combined to make them what they are today. It is this variation which gives this study its richness and colour. When reading, one is are struck by the intimacy and frankness with which the women speak. Their responses are vivid and immediate—not just words on a page but the reflections of living human beings. We can immediately appreciate and often identify with such concerns. Thus, the interests of a group of Yogyakarta women are no longer foreign or remote; they become our concern also.

Work and the Experience of Work

The ten respondents had a wide range of skills and work experiences, each of which contributed to their opinion of work and its value. Reasons for working were varied and often appeared contrary to those of other respondents. Bu Parmi only began working after she separated from her husband, while Bu Yatno retired when her husband died because she placed greater importance on looking after her children.

Bu Suhud regretted the fact that she had to work so hard but had no choice. In her opinion, the husband, as head of the household, should be the main provider. The wife should only take a job to 'help turn the household economic wheel'. Similarly, even though Bu Ratmi's earnings paid for her household's daily needs, she regarded her work as incidental to her husband's income. She was just helping to lighten her husband's load. Bu Eti, on the other hand, admitted that she earned more than her husband, and stated that very often the term 'to help' is no longer appropriate, especially considering the number of wives who earn more than their husbands. She was referring particularly to her neighbour, Bu Rina, whose husband makes no contribution whatsoever to the family income.

From the group of ten women, only four had followed or could identify a clear career path. These women all worked in the formal sector. Obviously there was no clear career path for those women working in the informal sector. Bu Sunarto had reached the level of Chief Supervisor of Schools, but noted the 'glass ceiling' that existed in the Department of Education regional offices. While most of the teachers in the vocational schools where she had worked were women, very few women held positions in the upper echelons of the department.

I was surprised to find that at least two women cited rivalry or competition between female colleagues in the work place as the major hindrance to career advancement. While I acknowledge that this is an important factor, I believe that the general lack of awareness of the rights of women workers meant that most women, when asked, were unaware of support services or facilities that would help them carry out their 'double role'. Similarly, there was a lack of realisation that women workers in general have many common concerns. Coping with problems that a woman may experience while working was viewed as being her individual responsibility. Given this lack of solidarity or consciousness, it is perhaps not surprising that women blame each other for lack of opportunities.

From the ten respondents, only two reported being aware of sexual discrimination in the work place. Bu Yatno reported the existence of verbal sexual harassment in the office. It took the form of male employees flirting with and distracting their female colleagues. This harassment was not viewed as something that had to be reported, but rather something that had to be endured. The onus was on the woman involved 'to remember her marital status' and to resist such advances. Dr Setyati also commented on sexual discrimination in the workplace. On a number of occasions she felt discriminated against by superiors. She would like to have to questioned the assignment of tasks in her department, but she did not do so because she was afraid of being regarded as 'spoilt' (*manja*) or having special privileges.

While sexual harassment is more applicable to 'office' work, a lack of consciousness meant that any difficulties the women may have experienced were simply regarded as something to be endured. Thus other women who had experienced some form of sexual harassment may have been unaware of their rights, and not regarded it as such.

Bu Parmi had also experienced problems of a sexual nature while carrying out her job as an insurance agent. She became the subject of neighbourhood gossip because she was often in the presence of her unmarried male supervisor. The neighbours drew their own conclusions about the situation. However her neighbours only inspired Bu Parmi to work even harder than before. This gossip reflects the popular view in Indonesia that the morality of divorcees and widows is doubtful.

Peran Ganda: The Conflict Between Family and Work Roles

The term *peran ganda* created much confusion. The majority of respondents were unsure of the meaning or had a different concept of the meaning of this term. Bu Yatno believed that the government encouraged women to take on multiple roles to advance women's emancipation. But a number of the younger women stated that women were already emancipated, and that they were no longer like the women of last century. Overall, there was little identification with the term *wanita berperan ganda*. At times there was genuine reluctance to be referred to as such. The women felt awkward with the term, as if it somehow minimised or degraded their husband's role within the family.

In general, the women recognised the double burden associated with being responsible for the household while earning an income. However this burden was regarded as a fact of life, not something that could, or should be challenged. Interestingly, those women with a higher education working in the formal sector did comment on the need for men to share in the domestic tasks. Both Bu Sumarsih and Bu Sunarto suggested that men could and should play multiple roles.

It is also worth noting that the women who most easily identified with the concept of *peran ganda* were those women whose husbands were no longer on the scene, or as in the case of Bu Rina, those women whose husbands made little or no contribution to the family income. Bu Rina believed that she performed multiple roles because she had two jobs, one within the domestic sphere (cake-making) and one in the public sphere of politics (a traditionally male role). Bu Parmi's understanding of *peran ganda* was different again. She stated that in acting as both father and mother, she was performing a dual role.

There was much discussion of the advantages and disadvantages of working away from home or working from home. It would seem that the respondent's view on this issue depended partly (or perhaps mainly) on her own circumstances. Flexible working hours and the casual atmosphere of the home were mentioned as benefits of working at home. Being able to supervise the children was another positive factor for working from home, especially when the children were sick. However mbak Asri made the comment that as a result of working from home, her work was never ending. She was 'on-duty' at all times, both for her customers and her family, unlike those women whose office hours are clearly defined. She longed for some time to herself, but this would have meant her employees missed out on work and hence their income would have declined.

Mbak Ratmi also commented on how busy she was. She would have liked to reduce the amount of work she did but, being a small enterprise, she did not feel she could refuse any of her customers. To say 'no' is to risk losing her livelihood. She took a three day holiday last Christmas, but found she could not relax. She kept thinking of all the work she had to do at home.

However the attraction of making new friends, having new experiences and the possibility of promotion were all mentioned in favour of formal sector employment. Another attraction for working in the formal private sector was the possibility of making useful contacts for their children. Work place contacts are very useful, and in some cases, essential when applying for jobs. In this respect 'contacts' can be seen as an investment for the future, to assist their children in the job market. The formal sector was also seen as a way of expanding horizons and knowledge, a way of keeping up-to-date with contemporary life.

The respondents also had conflicting views on the role and value of local women's organisations. While some felt that such organisations were essential to being 'socially responsible', at least two women reported that they did not have time to attend such gatherings. Since their time was already limited, they were reluctant to attend. Lack of time was also used as an 'excuse' not to attend. This need for an excuse indicates the social pressure placed on women to participate actively in such activities. Interestingly, those who did not have time to attend gatherings of the local women's organisations were able to make time to attend meetings of the professional associations to which they belonged. Thus the women had a rather pragmatic attitude towards local organisations. They valued them as a way of making contacts and doing business. They did not become involved because of their interest in the programs but because they thought there was something to be gained.

Dr Setyati realised the need for women to be socially responsible in her local area, but declared that she was contributing to national development through her work in community health. In contrast, Bu Sunarto fully supported the organisations to which she belonged, and took time to expound the virtues of the programs they carry out for village women. She did, however, admit that many people now regard the *Panca Dharma* role of women as irrelevant.

Education

Education was regarded as being of utmost importance. Most of the women who had little opportunity to obtain an education or whose education had been cut short by family demands regretted this fact. As a direct result they hoped their children would strive for as high an education as possible, financial situation permitting. This was seen as the younger generation 'bettering' their parents. At least one child in every family involved in this study had gained or was currently undertaking a university education. In fact, one woman even threatened to marry off her daughter if she did not study hard and get into a university. However, education was not just valued for its own sake. A number of women commented that while wealth and material goods can run out or be lost, *ilmu*[46] (knowledge) can not. Education is the way of the future, the way to gain employment and financial security.

More importantly it seemed that, particularly for those women who had little opportunity for education, or those who had struggled to provide their children with a higher education, education was a means of gaining a *gelar*. Academic titles[47] are seen as an important factor in

46   Literally knowledge or science. Can also mean esoteric knowledge.
47   For example: *Dra.* (*Doctoranda*, title of woman holding post-graduate degree in humanities), Drs. (*Doctorandus*, male eqivalent of *Dra*), Ir. (*Insinyur*, title of one who has received an engineering

determining status. Many believed that, irrespective of the employment their children obtain, at the very least they will be trusted and respected members of society.

Bu Suhud told how, for four years, she begged her son to complete his degree. Whether or not he was able to obtain work was not the issue. Her main concern was that her son obtain a degree title—then all her hard work would have been worth the struggle. This 'obsession' with the possession of a title is perhaps related to the feudal nature of Javanese society. In previous generations, titles of nobility such as *Raden*,[48] *Raden Mas*,[49] and *Raden Ayu*[50] defined people and determined their position within society. As the use of these titles gradually disappears, the relative importance of academic titles has increased. While the younger generation might feel *segan*[51] to use their title of nobility, they would be proud of any educational qualification they had achieved.

Although Bu Suhud's son was a graduate of the Faculty of Agriculture, it did not concern her that he may not find work in an office. She suggested that he could help run the food stall instead. In Indonesia, it is not uncommon for graduates to obtain work in a field other than those in which they have been trained. Similarly, mbak Asri suggested that her children could use their education to continue her enterprise. Their university education would be good for the business, because customers would trust a person of such high education.

On the other hand, Dr Setyati hoped that her children would work in the field in which they had trained. She also hoped that her children would be able to continue their schooling or professional training overseas. Bu Eti also

---

degree), dr. (*dokter*, doctor of medicine), and Dr. (*doktor*, doctor of philosophy)

48 Title of Javanese nobility.
49 Title of Javanese nobility, higher than that of *Raden*.
50 Title of a married noblewoman.
51 Meaning, unwilling to do something not quite proper, reluctant to do something others might consider above oneself.

wanted her children to find employment in a field related to
their studies, and be able to work in an office.

The Future

The majority of the women still working had definite
plans for the future, irrespective of the nature of their work.
However it was apparent that in planning for the future the
women did not differentiate between short and long term
goals. All of the women who worked in the informal sector
had plans to expand their activities. Bu Yatno mentioned
that she would like to open a small stall at her house, but she
had to acquire the necessary capital first. Mbak Asri also
planned to expand her business(es), and to continue her
buying, selling, and developing of houses and land.

However it was apparent that mbak Ratmi was dissatisfied
with her lifestyle and her work. Her plans to develop a
catering business were not for her own benefit but for the
sake of her daughter. Her 'job', as she defined it, was to look
after her husband and her children and to pray for them.
That is all she felt she could do. She felt as if she were
regressing, retreating to the position of women in her
mother's generation. She had no incentive to strive for the
future. Bu Parmi also appeared unenthusiastic about her
work. She realised that there was little chance for promotion,
but it was not a career that she was striving for. She was just
trying to support her family. She hoped to develop some sort
of private enterprise in the near future, but had yet to work
it all out.

All of the women had high hopes for their children,
education aside. Marriage and children were considered
essential. Dr Setyati said that her daughters must have
children, and that she herself must have grandchildren. She
was the only respondent to express any criteria for her
daughter's choice of husband. It is probable that the other
respondents did have criteria, but they chose merely to
express complete acceptance of their daughter's choice. This
appeared common—many of the women expressed
compliance with their children's wishes, and then proceeded

to say 'I advised her to do this...', or 'I told her to take that course...'

The ideal marriage age was a relative concept that hinged on the respondents' own experiences. Bu Parmi was ambivalent—not wanting her daughters to get married too young, but on the other hand, teasing them with comments of, 'When I was your age...' Bu Yatno believed that her daughters should marry before the age of 25. On the other hand Bu Parmi commented that being unmarried at 25 was no longer a disadvantage. Both of the respondents who had married in their early 30s hoped that their daughters would be married before they turned 30. Overall, the acceptable marriage age ranged between early to late 20s.

A number of the women expressed regret at having married at a young age, and hoped their children would not repeat such 'mistakes'. Bu Rina, for example, did not have the chance to complete her education or gain work experience before she had to take responsibility for her family. At one stage she went back to complete high school, while looking after two children and supporting the household. She hoped that her children would complete their education before getting married. Bu Parmi wondered at her social isolation during her marriage, and stressed that her daughters should never be dependent on their husbands. Bu Sumarsih stressed that once her children were married they must be responsible for themselves. They must complete their education and find employment before marrying. Similarly, Bu Suhud commented that it was not proper for her son to marry before he gained employment.

Most of the respondents were unsure whether their daughters should work while raising a family. This appeared to depend on a number of factors, such as husband's income, age of children, and the availability of servants. Most considered that women should only play a multiple role if economic circumstances deemed it necessary. If the husband could provide all the family's needs, then it would not be necessary. In contrast, Bu Parmi believed that a woman should look for outside employment only if her husband's income was sufficient to employ a servant. If insufficient then the family would have to manage on one income until the children reached the age when they could look after themselves.

One major reason for their wanting their daughters to work was the financial independence that employment could offer. Dr Setyati stressed that her daughters should never be financially dependent on their husbands. As a divorcee, it is understandable that Bu Parmi should also express such views. In such circumstances, work was not valued for the independence it commanded in, for example, household decision making, but rather as an insurance policy 'just in case...'

Both Bu Sumarsih and Dr Setyati hoped their children would gain employment and perform a useful role in society. They mentioned the 'waste' involved if a woman has completed her education but does not apply it to her work.

Concluding Remarks

Given their initiative and inventiveness in contributing to the welfare of their families, all of these women could be regarded as successful. Whether economic circumstances had deemed it necessary or not, these women have spent large proportions of their lives in employment, while raising their families. In my opinion they had managed to juggle their multiple roles successfully, without any detriment to their children.

However, these women were quite concerned about the issue of work. They obviously felt internal conflict between pride in their achievements and the guilt associated with working women's apparent neglect of their families. The women with (middle level) school education in particular appeared most concerned about the negative consequences of work, namely the possibility of neglecting the needs of the family. It was believed that this sort of behaviour could lead to a number of undesirable consequences. Most women mentioned the possibility of their children 'not turning out right' as a result of maternal neglect. Apart from the detrimental affects to the children, career women were also risking neglect of their husbands. In such a situation, the husband might be tempted to take another wife or have an affair.

I believe this situation has arisen from the state's promotion of the 'primary role of women' ideology. I believe this conflict and the associated feeling of guilt is a result of the contradictary ideologies promoted by the state. On the one hand, women are supposed to play a full and active role in the development of the nation. They are expected to perform multiple roles, and to be productive in both their public and private roles. On the other hand, women are led to believe that their primary role is that of wife/mother/housewife. In this context, they are to contribute to development by producing a healthy and well-socialised future generation. The role of women in national development is limited to health and welfare, namely those roles thought appropriate to a woman's (natural) feminine nature. It is this ideology that is practised and promoted by the state women's organisations.[52]

However, the 'primary role' ideology appears to have bypassed working-class women, mainly because of the necessity of their work for the survival of their families. Similarly, it is unlikely that rural women would be influenced by such thinking. In rural areas women's involvement in agriculture is, and has always been, essential.

Likewise women of higher education are also less concerned with 'the family'. There are a number of possibilities for this difference in outlook. It may be that the children of these respondents were already young adults and had already made successful lives for themselves. Alternatively, possibly the younger respondents had been subjected to such thinking at an earlier and more impressionable age. However, it is more than likely to be a coincidence of age and educational level. These women had

---

52   For example, *Dharma Wanita* and *PKK*.

grown up in revolutionary times in which a different value system operated. They had experienced a nationalist political system which gave women a legitimate and active role to play in public life. These women had also achieved a higher than average education than was usual for women of their generation. As a result of their educational achievements, they had a better developed sense of self-worth. These factors have influenced these women so that they appear to think differently from their younger, less-educated colleagues.

For the majority work was definitely something that was carried out for the good of the family. It was not a way of achieving personal intrinsic satisfaction. Personal satisfaction, of course, could be achieved through fulfilling the feminine nature of women, that is through marriage and children. Because of the 'secondary nature' of most women's work, women are not defined by their work. They are still dependent on their husbands for status determination. No matter how important this work was, and irrespective of whether or not it was the main source of family income, women's work was generally regarded as a source of additional income. They were considered and in fact most thought of themselves as helping their husband to earn income. The attitude that a wife's income is secondary to that of her husband contributes significantly to the problems of working women. As a result of the 'secondary' nature of women's employment their work is assigned a lower wage scale than that of their male counterparts.[53] Their role in society is 'secondary' despite the fact they perform two roles at the same time.

There was definite disjuncture between these women's hopes and the way their lives had evolved. While their dissatisfaction or frustration was rarely expressed in a direct manner, their concerns were evident. Their lives were expressed in relation to the needs of their family. Despite all

---

53   with the exception of public servants.

their achievements, they generally described themselves as wives and mothers. They had little sense of themselves as individuals, and there was no encouragement for them to think in that way. Similarly, there was no consciousness of women as a group with certain rights, interests and needs. At this stage it is difficult to imagine how Indonesian women will gain real recognition of their work and their rights in the workplace and the home. Until this is achieved, women will continue to perform their dual role while their status as workers remains secondary to that of their status in the home.

Appendix A
Original Transcripts: The Formal Sector

Bu Sunarto

Bapak saya punya keinginan supaya saya menjadi guru karena waktu itu wanita kurang maju, sehingga turut memajukan kaum wanita. Dari saya lulus sekolah dasar sudah mau dimasukkan ke sekolah guru, tapi saya merasa masih kepingin lulus MILO dulu, mencita-citakan menjadi dokter. Tapi ayah saya, sebagai bupati, mendapat tugas dari pemerintah untuk meninjau (para) transmigran dari Yogyakarta di Sulawesi. Di kapal laut ke Ujung Pandang (ayah) berkenalan dengan wedana dari Kutoarjo, yang putrinya sekolah di Sekolah Guru Kepandaian Putri (SGKP) di Jakarta. (Mereka) berbicara sampai ayah saya tertarik sekali. Terus pulang, (bilang) 'Wis pokoknya sebaiknya kamu nggak usah masuk SMA, nanti jadi dokter lama. Kalau ini hanya empat tahun sudah jadi guru sekolah rumah tangga. Kepandaian yang kamu peroleh bisa kamu gunakan seumur hidup sebagai wanita'. Terus saya tertarik karena saya akan dikirim ke Jakarta. Dari keluarga saya belum ada yang belajar di luar Yogyakarta.

Saya baru sampai kelas satu SGKP, Jepang datang, terus saya pulang. Terus saya dikirim ke Jakarta untuk main bola keranjang, saya cari informasi, ternyata sekolah akan dibuka lagi. Saya pulang, 'Pak saya bisa masuk lagi sekolah, alamatnya pindah sekolah tapi bu gurunya sama semua'. 'Ya sudah, boleh', kata ayah saya. Kebetulan tidak kuno meskipun dia pendidikannya kurang. Jaman Jepang sulit sekali, kadang kita menjahit pakaian kertas. Saya sampai kelas empat Jepang kalah. Ayah saya kirim telgram, 'Lekas pulang bawa semua karena keadaannya genting'. Tapi saya tetap di sana dengan beberapa teman untuk mempertahankan kantor telpon di Jatinegara. Kita juga layani dapur umum.

(Jaman) perjuangan pemuda ndak mendapat apa-apa, (hanya) kewajiban untuk mempertahankan negara kita. (Akhirnya) pulang dengan kereta terakhir dari Jakarta, bekerja (sebagai) sukarelawati di rumah sakit Bethesda untuk pejuang-pejuang. Kemudian tahun 1946 ibukota pindah ke Yogyakarta dan sekolah juga pindah. Saya menyelesaikan setengah tahun sampai saya lulus. Saya lulusan pertama SGKP Republik Indonesia.

Saya pertama mengajar tahun 1946 di Madiun, (selama) dua tahun. Terus di Sekolah Kepandaian Putri (SKP) Yogyakarta selama dua tahun. Kemudian diangkat jadi guru SGKP dan dikirim ke Padang juga dua tahun. Waktu pamit (pada orangtua), saya bilangnya bukan mau bekerja tapi mendapat liburan selama dua tahun dengan biaya penuh. Ayah saya hanya tertawa. Pulang ke Yogya terus dikirim ke Australia, untuk observasi. Di sana saya mengumpulkan uang saku dan bisa beli roda dua. Tapi waktu itu saya belum bisa, terus mereka 'Ah gampang, nanti kita yang ajari, uruskan SIMnya'. (Sampai) kendaraan diangkut kapal (pulang). Saya masih punya SIM tapi sudah nggak berani lagi. Juga (saya) bisa nonton Olympic Game. Bagi saya kesempatan ke luar negeri itu jarang kita dapatkan, meskipun karcisnya berapa, saya lebih baik belikan (karcis) untuk pengalaman, daripada beli barang-barang yang bisa dibeli di sini.

Pulang kembalinya menjadi guru kemudian menjadi supervisor di Kanwil P dan K. Sebagai pengawas setiap bulan kita beberapa sekolah yang harus kita tinjau. Tugas saya mengawasi jalannya pendidikan di sekolah-sekolah kejuruan. Waktu-waktu itu bisa kita atur sehingga bisa merangkap dua tahun sebagai supervisor di Kanwil dan anggota DPRD tingkat I, periode 1982–87. Tahun 1984 pensiun sebagai kepala supervisor di sekolahan kejuruan, Daerah Istimewa Yogyakarta.

Keinginan untuk menjadi anggota DPRD pun saya tidak, saya waktu itu diserahi tugas, dikirim untuk menjadi anggota di Golkar. Saya nggak pernah berpolitik, tapi karena tugas jadi saya mendalami. Saya termasuk Komisi E, bidang pendidikan, kesehatan, sosial, tenaga kerja, (dan) transmigrasi. Kita melihat bagaimana eksekutif melaksanakan tugas mereka. Saya termasuk dalam panitia anggaran jadi menentukan masing-masing program kerjanya. Nanti kita pantau, dilaksanakan dengan baik atau tidak. Kita banyak peninjauan-peninjauan sekitar Yogyakarta. Untuk studi banding kita pernah ke Jawa Timur, Jawa Barat, Jambi dan Kalimantan Selatan.

Saya sampai sekarang malah berterima kasih karena menurut kehendak orangtua. Andaikan saya dulu di kedokteran mungkin tidak akan selesai. Dididik menjadi guru (dan) langsung ingin jadi guru. Ternyata menyenangi pekerjaan itu sehingga selama tigapuluh lima tahun saya merasa senang terus. Dengan hanya SGKP ternyata bisa sampai pensiun menjadi kepala pengawas di sekolah kejuruan.

Waktu menikah saya sudah bekerja sebelas tahun, karena sudah mengenyam enaknya kerja terus lupa menikah. Untung tidak lupa sama sekali. Mungkin kalau saya ketemu jodoh lebih muda, saya (sudah) menikah waktu itu. Saya rasa lebih baik lebih muda, jangan terlalu tua seperti saya. Sebenarnya antara duapuluh sampai tigapuluhan yang paling baik. Nanti kalau anak-anak sudah besar, orangtuanya juga belum terlalu tua.

Suami saya berwiraswasta tapi dia kemudian menjadi anggota DPRD. Jaman perjuangan beliau turut aktif betul, sampai letnan satu pangkatnya. Karena itu tidak sempat kuliah, hanya lulusan MILO. Setelah itu perusahaan sendiri dalam bidang kontraktor, pertambangan, macam-macam apa yang bisa ditawarkan. Kadang saya (sebagai) pencari nafkah utama karena wiraswasta ada '*up* and *down*'-nya. Tapi nggak pernah jatuh sampai miskin.

Saya nggak mendapat halangan dari suami, selalu dapat restu. Waktu (mau) naik pangkat menjadi supervisor saya harus mengikuti ujian yang berat. Malam-malam waktu saya masih belajar, suami saya turut (nggak tidur), dia baca, buatkan (saya) kopi. Memberikan dukungan, dorongan moril. Sesudah melahirkan anak, tiga bulan sudah bekerja. Ada pengertian dari suami jadi pekerjaan rumah tangga masih bisa dilaksanakan suami. Kebetulan kita bisa mempelihara pembantu, nenek dari suami juga sering membantu dan kakak saya punya rumah di sebelah. Kadang-kadang sulit, apabila anak sedang sakit, konsentrasi jelas nggak, ingin pulang. Sedapat mungkin tugas saya di sekolah atau kantor harus saya penuhi. Tapi tidak boleh terus hanya mengejar karir, waktu untuk anak-anak harus selalu ada.

Waktu bapak meninggal anak-anak masih SD. Tapi saya sudah kerja, ndak ada masalah dalam ekonomi untuk menyekolahkan anak. Dan waktu anak-anak (masuk) perguruan tinggi kedudukan saya sudah cukup baik. Malah dulu merangkap di DPRD jadi ada dua 'income'.

Kita sebagai orangtua mempunyai cita-cita supaya anak kita dapat melebihi orangtua. Saya tidak sarjana tapi anak saya satunya sarjana, satunya sarjana muda. Harapan saya supaya mereka menjadi orang yang beriman, yang baik budi pekertinya dan dapat berkiprah dengan baik dengan masyarakat. Kemudian bisa menyumbangkan tenaga dan pikirannya untuk negara. Pekerjaannya terserah, bakat mereka bagaimana terus mereka ingin kerja di mana. Saya hanya membantu saja kalau bisa mencarikan pekerjaan yang mereka inginkan. Saya nggak pernah paksa, saya hanya saran. Hanya mendidik mereka supaya tahu sopan satun, (dan) pendidikan setinggi mungkin yang dapat mereka raih. Anak saya yang sulung hanya sarjana muda. Saya suruh, 'Kalau kamu masih mau belajar lagi saya masih bisa mengongkosi'. 'Tidak bu, saya ingin kerja saja'. Sekarang sudah punya anak, saya ndorong kalau bisa sesudah anak-anak agak besar, masih bisa melanjutkan lagi.

Orang kalau bekerja asal dengan senang hati meskipun berat sekali nggak menjadi masalah. Saya di Pandang betul-betul kerja keras, tapi senang karena merasa dibutuhkan. Sampai sekarang saya tanamkan pada anak-anak, 'Jangan memandang suatu pekerjaan itu rendah, pokoknya apa yang bisa kita kerjakan ya kerjakan sendiri, nggak usah kita suruhan yang lain'. Saya pernah ngecat pager sendiri. Ada (orang) yang bilang 'Lho kok ngerjakan sendiri, nggak mengupah?' Waktu itu waktunya ada dan kebetulan saya kepingin. Saya tidak takut nanti dikatain orang. Kalau saya ingin saya kerjakan, asal tidak merugikan orang lain dan menghasilkan sesuatu.

Saya sendiri tidak pernah merasa ada kesulitan di sekolah sebab umumnya saya mengajar di sekolah putri. Karena di sekolah kejuruan (dan) kita ahlinya kejuruan, kita merasa ndak minder. Malah guru-guru putra umumnya hanya mengajar bahan pelajaran yang tambahan. Kepala sekolahnya juga umumnya teman kita sendiri. Kita tidak merasa ada diskriminasi. Baru setelah saya jadi pengawas, kelihatan putrinya malah sedikit, kebanyakan bapak-bapak. Memang yang menjadi kepala kanwil itu putra semua. Dari yang di atas kadang kita merasa dinomor-duakan. Posisi yang kunci umumnya masih (pria). Mungkin masih dipandang kalau pria yang jadi kepala rumah tangga barangkali.

Kalau wanita yang berkarir merasa kepuasan kerja, percaya diri, ada income (sendiri), dan mungkin bisa karirnya menanjak. Itu kepuasan juga kalau kerja kita dihargai orang dan kita bisa bermanfaat. Dengan bekerja di luar jelas (rasanya) mandiri. Terus wawasan kita akan lebih luas. Lingkungan pergaulan kita jauh lebih luas daripada kalau kita hanya di rumah. Tapi kalau di rumah bisa sambil melaksanakan perusahaanya sekaligus dapat mendidik anak-anak, artinya anak-anak tetap dalam pengawasan ibu yang bekerja di rumah. Sekarang umumnya ibu-ibu rumah tangga tidak seperti dulu. Kalaupun tidak bekerja sebagai pegawai negeri atau sebagai karyawati, mereka masih ada kegiatan sosial, macam arisan dan sebagainya. Sebenarnya sebagai ibu rumah tanggapun sudah merupakan kegiatan dalam rangka pembangunan, (misalnya) mendidik anak-anak. Nanti kalau kita kurang pergaulan mungkin wawasan kita (kurang), dan nanti mungkin kita tertinggal dengan suami. Seperti saya sekarang sudah pensiun (sejak) 1984, (tapi) selama itu saya ndak pernah hanya tinggal di rumah. Sibuk kegiatan sosial.

Saya (dulu) dikirim ke Golkar menjadi kepala biro peranan wanita. Sesudah itu saya mendapat tugas mendirikan Himpunan Wanita Karir (HWK) di Yogyakarta. Sejak 1981 saya sebagai ketua, baru setahun ini tidak lagi menjadi pengurus. Tapi saya jadi wakil ketua mantan anggota HWK, kira-kira tigapuluh orang, tiap dua bulan sekali masih mengadakan pertemuan. Disamping itu saya juga aktif di orgainisasi kewanitaan Pembinaan Kesejahteraan Keluarga (PKK). PKK sekarang cukup banyak kegiatannya. Saya di bidang pendidikan, ketrampilan (dan) pengembangan koperasi. Kita usaha untuk setiap wanita yang butuhkan baik di pedesaan maupun di perkotaan supaya mereka dengan sepuluh program pokok PKK dapat menciptakan keluarga yang sejahtera. Antara lain dengan ketrampilan misalnya kita usahakan supaya waktu (luang) terisi dengan kegiatan yang bermanfaat, misalnya belajar menjahit, belajar masak, atau macam-macam ketrampilan yang dapat menghasilkan tambahan uang untuk keluarga. Dengan Usaha Peningkatan Pendapatan Keluarga (UP2K) ada yang misalnya mengusahakan kelompok emping, kelompok membuat tempe, ada kelompok-kelompok kerajinan bambu, perternakan ayam, macam-macam. Mengenai kesehatan sekarang seperti posyandu (di mana) ibu-ibu dididik supaya mereka merawat anak-anaknya menjadi sehat. Anak yang sehat nanti akan mejadi generasi penerus yang lebih sehat. Kita anjurkan KB karena kalau dulu bisa keluarga mempunyai sembilan orang, sampai empatbelas orang. Umumnya sekarang pasangan muda hanya menginginkan dua anak. Karena dengan sedikit anak mereka dapat kesempatan lebih besar untuk dapat pendidikan yang lebih tinggi. Jadi gerakan PKK betul-betul sampai ke desa, maksudnya untuk membuat keluarga sejahtera, tahu bagaimana *me manage* rumah tangga. Dulu waktu jaman Belanda mereka wis terbelakang sekali. Sekarang sudah lain sekali, sudah jauh lebih maju daripada dulu.

Menurut saya peran ganda itu baik sebagai ibu rumah tangga maupun sebagai anggota masyarakat dimana kita turut berperan dalam pembangunan di bidang kita masing-masing. Seharusnya kalau isteri kerja pria berperan ganda. Dulu waktu saya masih kecil, anak laki-laki nggak boleh masuk dapur. Sekarang sudah lain, pria pun harus mau berperan ganda dalam arti kalau perlu turut membantu, mengasuh bayi, atau mengerjakan pekerjaan rumah tangga.

Kalau di Dharma Wanita kita ada panca darma wanita. Sebagai istri, sebagai penerus generasi, pendidik, sebagai anggota masyarakat, dan juga sebagai pencari nafkah tambahan. Tapi itu sudah sekian tahun yang lampau, sudah banyak juga yang tidak begitu setuju. Sekarang tidak harus suami lebih banyak memberi *income* bagi keluarga. Tergantung kalau misalnya istri bisa berkarya sehingga memasukkan penghasilan lebih pada suami, saya rasa itu tidak jadi masalah. Dan juga tidak perlu suami merasa kurang. Harus ada saling pengertian antar suami istri bahwa berdualah bertanggung jawab pada rumah tangga, masing-masing sudah mempunyai pekerjaan sendiri. Jangan sampai suami menghambat karir istri agar maju. Sekarang sudah banyak diantara kita dimana istri memberi penghasilan atau menduduki jabatan yang lebih tinggi dari suami. Asal ada pengertian saya kira nggak apa. Saya rasa wanita yang bisa maju karena (ada) dorongan dan pengertian dari suami. Kalau tidak ada, saya rasa nggak mungkin karir istri bisa lebih tinggi.

Bu Sumarsih

Saya diharapkan kalau bisa mendapat pendidikan yang setinggi-tingginya, sampai ayah tidak bisa membiayai lagi. Karena akan lebih terjamin hidupnya. Banyak teman saya yang lebih memilih untuk cepat menikah daripada mencapai cita-cita yang sudah sejak kecil ingin dilakukan. Tapi saya merasa dekat dengan ayah dan tidak sampai hati kalau saya mengecewakan beliau, dengan tidak selesainya sekolah. Sejak dulu ditanamkan, 'Jangan kamu sampai tergantung pada orang lain, semua kalau bisa lakukanlah sendiri saja'. Tentu saja hidup tanpa pertolongan orang lain tidak mungkin, tapi jangan sampai tergantung.

Ayah menekankan, 'Justru karena kamu wanita, kamu harus pendidikan yang baik. Sebab kalau kamu nanti menikah (dan) suamimu sakit, dari mana kamu makan kalau tidak bisa bekerja sendiri'. Saya sendiri tidak terlalu tergantung apakah suami memberikan gaji atau tidak, kalau perlu saya bisa mencari gaji saya sendiri. Jadi saya terbentuk oleh lingkungan yang suasananya mandiri. Saya merasa sekali bahwa itu merupakan dasar pandangan saya yang sekarang mungkin dianggap mandiri. Mungkin juga ada sedikit jiwa pemberani dari ibu saya.

Saya SMA Negeri bagian Sastra, lalu masuk kuliah di fakulatas Sastra UGM. Sebenarnya dulu (saya) tertarik pada hukum karena abang saya pengacara. (Tapi) waktu itu ayah masih berpendapat anak perempuan lebih baik (sekolah) di sastra. Dia bilang, 'Kalau perlu kamu bisa bekerja di rumah, (sambil) mengurus rumah tangga. Terjemahan atau mengarang masih bisa di rumah, tidak perlu ke luar'. Tapi itu kalau diperlukan lho.

Pada tahun 1956, sebelum saya sarjana muda, saya sudah mengajar di SMA kepunyaan Fakultas Pendidikan. Dekan Sastra melihat nilai saya cukup baik, beliau yang (bilang), 'Kamu saya minta untuk mengajar. Cari pengalaman dalam bidang kamu'. Terus saya (jawab), 'Baik sepanjang tidak mengganggu kuliah saya'. Saya hanya mengajar beberapa jam saja. Dengan demikian kuliah bisa berjalan dengan lancar. Pada tahun 1960 saya lulus (dan) mengajar di Fakultas Sastra sampai sekarang. Saya jadi guru walaupun semula saya pikir profesi itu tidak terlalu menarik, (tapi) sekarang saya pikir toh menyenangkan juga.

Tahun 1967 sampai tahun 1969 saya di Korea mengajar Bahasa Indonesia. Terus tahun 1971 sampai tahun 1973, saya di Belanda ikut *Postgraduate course in Linguistics*. Lalu tahun 1989 saya diberi beasiswa untuk masuk S3. Saya ke negeri Belanda lagi untuk *research* tentang feminisme kritik sastra. Sekarang baru menulis disertasi. Setelah selesai (disertasi) saya tetap akan aktif mengajar, mungkin bisa lebih banyak menulis. Kesenangan saya menulis sehingga sudah beberapa tahun saya diminta untuk ikut dalam redaksi **Suara Asia**. Saya juga kadang-kadang menulis di **Kedaulatan Rakyat** atau di koran setempat. Mungkin (juga) pergi ke sana, ke sini, ingin melihat negara-negara lain. Supaya lebih mengetahui kebudayaan dan bangsa lain dan memperluas pandangan.

Sebenarnya kami nikah belum lama, baru limabelas tahun yang lalu. Suami saya isteri pertama meninggal melahirkan anak perempuan. Jadi beliau menduda, membujang untuk mengurus anaknya. Waktu ketemu saya anak itu berumur sembilan tahun. Lalu dipikir kalau saya seorang guru pasti tidak ada keberatannya untuk mendidik anak yang tidak punya ibu. Sampai sekarang kami rasanya hidup cukup bahagia, saling mengerti dan dia tahu saya bekerja. Dia sudah biasa mengurus anak dan dapur juga bisa. Saya seperti melihat ayah saya sendiri yang sering mengurus kami waktu kecil, kalau ibu harus mengajar di sekolah. Kecocokannya mungkin di situ, (sebab) tidak banyak laki-laki yang mau sepenuhnya membantu (di rumah). Tergantung pada lingkungannya dan lingkungan perkawinannya.

Sekarang anak itu sudah umur duapuluh dua tahun, baru membuat skripsi. Mungkin karena dia melihat kami (orangtua), dia melihat kakaknya juga di universitas, jadi tentunya dia juga ingin untuk melanjutkan sekolah. Apalagi kami menggelakkan, 'Ini saya sediakan uang untuk belajar. Kamu harus bekerja keras supaya bisa lulus dengan baik dan masuk ke universitas. Kalau kamu tidak bisa masuk ke universitas, tabungannya saya memakai untuk mengawinkan kamu'. Tentu saja dia tidak mau, (dan) dia berusaha keras.

Saya mengharapkan dia (akan) meneruskan pekerjaan saya karena dia juga dari Fakultas Sastra. Mungkin dia tidak terlalu tertarik untuk menjadi dosen, katanya tidak bisa menjelaskan dan sebagainya. Tapi dari segi praktis karena dia mendapat pendidikan dari Sastra. Kemudian saya punyai ribuan buku, siapa yang akan memanfaatkan buku dalam Sastra. Harapan saya begitu. Tapi kalau dia memilih yang lain saya serahkan padanya. Buku-buku (bisa) saya amalkan pada fakultas.

Kami mempunyai pendapat kalau orang sudah berani bertanggung jawab menikah, harus mandiri. Walaupun saya ibu sambungan, kami mendidik agak keras supaya (anak) tidak termanjakan oleh lingkungan. Jadi pada waktu (anak sulung) berpacaran kami sudah berkata, 'Kamu hanya boleh menikah kalau sudah selesai kuliah dan sudah bekerja. Kalau sudah menikah sudah tidak menjadi tanggung jawab kami'. Karena itu baru setelah lulus (dan) bekerja mereka menikah. Adiknya juga ada pacar tapi kami pura-pura tidak tahu. Kami memberi bayangan bahwa tidak mungkin menikah sebelum selesai studinya dan bekerja. Saya kira sebelum bekerja dan lulus temannya tidak akan berani memintanya karena tidak akan diberikan.

Kami selalu dua orang bekerja. Pendapatan dua orang lebih menarik, saya beri contoh. (Sebenarnya) saya bisa masak, tapi waktu tidak memungkinkannya. Beberapa tahun yang lalu saya masak, ternyata anak-anak berkata, 'Ibu masak enak juga'. 'Kalau gitu saya masak saja (dan) tidak mengajar?' 'Oh begitu oh jangan, ibu tidak usah masak, mengajar saja, dapat uang banyak, anak-anak bisa beli sepeda motor, bisa berlibur'. Jadi (mereka) sudah melihat bahwa ada beberapa hal yang bisa saya tinggalkan karena kurang ekonomis. Seperti seorang yang pangkatnya tinggi disuruh mengerjakan sesuatu yang sebenarnya bisa dikerjakan oleh seorang pesuruh. Saya mengawasi pembantu tapi tidak sampai sekecil-kecilnya karena dia bisa melakukan itu.

Saya program Doktor sebenarnya lepas dari tugas mengajar, tapi saya masih mengajar Teori Sastra. Kebetulan juga Fakultas Sastra memerlukan sekali orang yang punya banyak pengalaman dalam pengajaran bahasa Indonesia untuk orang asing. Kebetulan saya salah seorang yang paling banyak masa kerja mengajar bahasa Indonesia untuk orang asing. Jadi ada rasa kewajiban. Kemudian ada (lagi) lembaga Bahasa Indonesia untuk mahasiswa asing non-degree. Juga (ada) beberapa mahasiswa saya ajar percakapan satu jam di kelas, satu jam di rumah, memperkenalkan bahasa dan bangsa Indonesia. Bagi saya (menarik) setiap kali bertemu dengan mahsiswa-mahasiswa baru, dengan latar belakangnya yang berbeda. Salah satu sifat saya yang positif tapi kadang-kadang melebihi diri saya sendiri itu saya termasuk orang yang senang suntuk. Suntuk itu kalau sudah berkata 'ya' maka harus menyelesaikan dengan baik. Akibatnya saya terlibat dalam (beberapa) kegiatan mengajar. Saya menyediakan waktu dua hari untuk mengajar supaya waktu yang lainnya bisa saya gunakan (untuk disertasi saya).

Saya jadi ketua seksi pendidikan di ikatan ibu-ibu kampung ini. Juga saya menjadi ketua umum Himpunan Sarjana Kesusastraan Indonesia (HISKI). Walaupun saya tidak mau tapi mereka minta, mengatakan, 'Nanti kami yang bekerja, ibu yang menjadi pengikat semua anggota. Ibu yang sudah pernah menjadi dosennya, mereka akan lebih mendengarkan'. Kelihatan senioritas dalam masyarakat kami masih penting. Saya juga ikut mendirikan Ikatan Sarjana Wanita Indonesia, cabang Yogyakarta. Tapi sekarang sebagai anggota saja. (Kami) mempunyai biro konsultasi khusus untuk wanita-wanita yang banyak mengalami permasalahan. (Di) Dharma Wanita saya tidak pernah aktif sama sekali karena tidak ada waktu. Dalam hati saya tidak terlalu cocok, saya tidak mau mencampuri kegiatan istri-istri jaksa.

Menurut saya wanita yang punya potensi pada dirinya sendiri kalau tidak dipakai itu merupakan sesuatu yang 'mubazir'. 'Mubazir' itu bahasa Arab artinya sesuatu yang sia-sia. Kalau seorang wanita mendapat pendidikan sampai selesai, sudah berapa juta rupiah sudah (habis), pengorbanan apa saja (dari orangtua), lalu disimpan saja... . Seorang wanita yang sudah punya potensi baik dalam pendidikan maupun karena bakatnya jangan (disia-siakan). Sebenarnya laki-laki juga bisa berperan ganda, begitu prinsip saya. (Kalau si laki-laki) tidak membantu si wanita akan menderita, si laki-laki akan merasa diabaikan. Sebenarnya tidak bisa tidak. Sikap segala maunya laki-laki yang acuh tak acuh, yang menderita pasti wanita. Jadi mungkin setiap laki-lakilah yang perlu juga diemansipasikan.

Kalau dalam rumah tangga sejak semula kita sepakat saling bantu-membantu. Waktu saya tidak ada (pembantu) karena sakit, kami membagi pekerjaan. Suami saya bangun lebih dahulu, jam setengah lima karena subuh, (dan) menyalakan kompor. Saya masih bisa setengah jam baru bangun. (Kemudian) saya masuk dapur meneruskan dan suami saya mandi. Lalu saya mandi dan kemudian kita bisa sama-sama makan pagi. Hari Minggu pagi kami sama-sama belanja ke pasar. Lama-lama suami saya hafal harganya, malah sekarang lebih pandai. Jadi kita tidak ada masalah, jangan dipermasalahkan.

Kalau sektor formal konsekwensi lebih jelas, kita bisa meniti karir. Katakan dosen, saya (mulai) sebagai asisten, kemudian sebagai lektor muda, lektor, lalu lektor kepala, ada kemungkinan jadi guru besar. Kalau informal kita tidak mendapat status formal di dalam masyarakat. (Misalnya) seorang ahli katering yang kaya karena dia kerja berat di rumah. Saya rasa dia lebih giat dari pada saya, jam lima sudah mulai masak kue sedang saya baru bangun. Penghargaan karirnya tidak jelas.

Kadang (yang menghalangi wanita) itu masalah kecemburu-cemburuan antara sesama kita. Waktu itu saya diangkat menjadi asisten, kebetulan dosen yang mengajar mata kuliah saya harus ke Amerika. Jadi saya langsung mengajar (dan) dalam usia yang muda saya jadi sekretaris jurusan. Kemudian saya malah menjadi ketua jurusan. Sudah sering dijemput mobil, diantar mobil, menurut saya biasa. Tapi teman saya yang dulu setaraf mengambil jarak. Dia mengatakan pada ibu saya kalau saya sombong setelah saya menjadi ketua jurusan. Padahal saya termasuk orang yang tidak pernah menyombongkan diri. Jadi kadang-kadang justru hambatan itu antara sesama wanita.

Bu Yatno
Kalau saya sekolahnya cuman SMP. Maklum pada waktu itu untuk mendidik anak-anaknya harus yang sederajat dengan pangkatnya. Tamat SMP, umur enambelas, lalu saya bekerja di Univeritas Gadjah Mada (UGM), sebagai tata usaha. Waktu itu kalau disambi dengan belajar ndak diperbolehkan. Saya pernah coba di SMA, saya sekolah sore, setiap hari jam kerja saya dikurangi satu jam, jadi gaji saya terpaksa harus dikurangi satu hari satu jam. Jadi saya dulu cuman bisa kursus Kursus Pendidikan Administrasi Atas (KPAA). Itu sederajat dengan SMA untuk membantu menyesuaikan supaya

jabatannya sama dengan orang-orang yang lulusan SMA. Saya ketemu dengan bapak waktu saya bekerja. Bapak menika lulusan Fakultas Hukum, bekerja di Administrasi sebagai Kepala Bagian Kepegawaian. Kami menikah tahun 1962, umur saya duapuluh dua tahun, suami saya umur duapuluh sembilan tahun.

Karena masa kerja banyak saya ganti-ganti. Saya bekerja di keuangan, akhirnya saya menjadi kasir. Tapi kasir sebagai penagihan kalau ada listrik dari penyewa gedung UGM, listrik semua perumahan-perumahan, lalu air, rumah, saya yang menangani. Saya juga berpikir waktu dipindahkan, 'Apa bisa nanti?' Pembukuan sulit, tapi ternyata setelah dikerjakan bisa.

Tahun 1981 suami saya sakit jantung lalu meninggal. Saya dulunya manja tidak pernah ditinggal suami. Begitu ditinggal bapak langsung yang memegang rumah tangga itu saya sendiri. Anak-anak belum bisa diajak cari uang, masih membutuhkan biaya banyak sehingga apa-apa itu bisa habis. Terpaksa saya harus mengajukan pensiun untuk merawat anak-anak itu, kasihan kalau ditinggal. Waktu itu anak saya yang paling kecil masih di TK, nanti kalau tidak diantar ke sekolahnya, gimana? Sebenarnya ada pembantu satu, tapi sudah tua sekali, jadi saya kasihan sekali kalau ditinggal. Jadi saya merasa berat sekali kalau saya sambil bekerja. Tapi ternyata waktu saya mau mengajukan pensiun digondeli sama kepala saya, 'Lho bagaimana sedangkan yang sudah masa pensiun saja, dipensiun itu sakit sekali hatinya', katanya begitu, 'khan apalagi itu belum masanya kok sudah. Ya memang masa kerjanya sudah tigapuluh dua tahun, tapi masih bisa satu tahun lagi'. Ya terpaksa karena suami saya itu meninggal, harus berhenti bekerja. Tapi sudah waktunya pensiun.

Waktu pensiun itu saya ditari bekerja di perusahaan asuransi, tidak terikat waktunya, jadi setiap hari harus ke sana tidak, tapi saya cuma mencari nasabah saja. Lalu nanti seminggu sekali atau berapa kali saya harus lapor ke kantor. Tapi lama-kelamaan cari nasabah kok sulit, jadi saya keluar.

Dulu harian dari Tabungan Pensiun saya itu saya kelola untuk jualan, ada kain, ada baju, saya angsurkan ke teman-teman, ada emas, ada bahan, tapi lama-kelamaan itu tidak kembali. Angsurannya kalau satu dua kali memang begitu, beres. Tapi setelah nanti sudah berapa kali sudah nggak beres lagi. Sekarang cuma jualan sedikit-sedikitlah, cuman melalui arisan, agak beres, karena malu (kalau sampai tidak bayar).

Sekarang anak saya sudah ada yang bekerja, yang ketiga dan yang kelima. Nomor dua dulu di IKIP, tapi cuma dua tahun. Sekarang sudah bekerja lalu agak ringan sedikit, saya tergantung pada pensiun saja. Yang nomor empat di UGM sekarang tinggal skripsi. Yang nomor lima cuma SMEA langsung bekerja, soalnya kasihan sama ibu, 'Ibu sendirian, sudah saya bekerja saja, biayanya untuk melanjutkan nanti terlalu berat'. Dia bekerja di Robinsons. Anak saya sebenarnya enam. Yang pertama itu laki-laki, miskram. Yang kedua itu umur tiga hari sudah diambil Tuhan, sekarang tinggal tiga. Yang nomor enam baru dua tahun yang lalu diambil Tuhan, umur tujuhbelas, karena sakit typus.

Kalau untuk segi pribadi saya dengan bekerja menambah pengalaman. Juga punya banyak teman. Yang jelas pengalaman di luar, pengalaman di dalam kantor. Ketemu orang-orang besar, pejabat-pejabat, rasanya sudah terbiasa. Pengetahuannya juga lain kalau keluar rumah. Kalau ibu-ibu yang wiraswasta, di rumah sebagai pengusaha, itu dengan sendirinya relasinya banyak sekali. Tapi kalau yang sebagai ibu rumah tangga saja, pengalamannya kurang.

Tapi juga banyak sekali kendala. Pertama andaikata di kantor wanita ada gangguan dari laki-laki, itu mesti ada. Sering ada yang menggoda walaupun dia tahu kalau itu sudah punya suami, sering dia ngomong-omong tapi iseng-iseng, tapi kalau kena dia mau. Cuman saja kalau bagi ibu-ibu yang tabah itu, bisa diatasi. Dia harus bisa menunjukkan bahwa dia sebagai isteri kalau di rumah. Jadi harus ingat, kalau yang tidak tabah pendiriannya, mudah tergelincir. Yang kedua kalau di dalam kantor sering temen-temen yang sama-sama wanita iri. Banyak sekali yang iri dengan tugas-tugasnya. Kita harus bisa menerima dan bisa menanggapi orang-orang yang iri itu supaya dia tidak lagi iri. Kalau kenaikan pangkat itu empat tahun sekali, sudah tertentu. Jadi tidak ada yang iri, kecuali kalau ada anak baru yang masuk, pendidikannya lebih tinggi, menutup untuk kenaikan orang lain. Lebih cepat dan dia ditempatkan di jabatan yang tertinggi, itu mesti diirikan. Saya pernah dengar (istilah wanita berperan ganda) dalam t.v. atau di koran-koran atau di majalah-majalah. Artinya berperan ganda selain dia bekerja sebagai karyawati dari suatu perusahaan atau suatu jabatan, wanita berkarir, dia juga peran sebagai ibu rumah tangga. Peran ganda itu malah didorong dengan pemerintah, didorong sehingga wanita-wanita itu diberi hak, hak untuk mencapai supaya sama dengan derajat lelaki. Untuk emansipasi, supaya jangan terinjak-injaklah.

Sisi buruknya (dari wanita yang bekerja) tergantung pandangan relatif. Kalau saya sendiri kalau bisa ya membantu sang suami. Tentu saja menguntungkan sekali, asalkan bisa membagi waktu untuk anak-anak, untuk suami dan untuk pekerjaan. Kalau bagi orang yang pendidikannya kurang memadai, mestinya dia tidak bisa membagi waktu. Kalau wanita karir yang pejabat tinggi, dia mengutamakan karirnya, karena karirnya waktunya kurang, anaknya diserahkan pada pembantu. Dampaknya kasih sayang (anak) terhadap orangtua kurang, kasih sayangnya terhadap pembantu saja. Itu sebetulnya tidak baik, pertama kali dalam pendidikan. Padahal dia orang intelek tapi pendidikan anaknya diserahkan pembantu, jadi pendidikan (setingkat) pembantu. Kalau ayahnya ke kantor sebagai pejabat, lalu ibunya sebagai wanita karir, sehingga untuk melampiaskan bagaimana mau protes keadaan ini, wong apa-apa sudah diadakan. Mau minta uang segini bisa, cuman saja yang dicari kasih sayang, tapi dia mau mengeluarkan isi-hatinya takut pada orangtua. Itu kesalahannya orang-orang yang berkarir begitu, merugikan sekali. Sering karena berlebihan uang, dia menghambur-hamburkan uang dan terpengaruh oleh kelompoknya, dia minum-minum, sehingga dia itu menimbulkan sadisme. Untuk menghilangkan stressnya mau minta kasih sayang kepada orangtua. Sebetulnya itu satu protes (terhadap) orangtua.

Seorang ibu mesti mengharapkan, apalagi anaknya perempuan, umur duapuluh lima tahun itu sudah menikah. Tapi apa daya, yang menentukan segalanya Tuhan. Jodoh itu Tuhan yang menentukan. Sebagai orangtua saya berusaha bagaimana sebelum umur duapuluh lima tahun anak saya sudah menikah. Soalnya nanti kalau terlalu tua itu kondisinya sudah lain. Anak saya umurnya sudah duapuluh lima, sudah waktunya. Saya sering menyinggung anak-anak mbok bagaimana caranya cari kenalan laki-laki, lalu supaya yang dicari yang cocok dan bisa untuk masa depan. Mbokya cepat-cepat bisa membahagiakan keluarganya. Tapi memang semuanya Tuhan yang menentukan, kita cuman tinggal berdoa dan berusaha.

Sekarang banyak sekali anak yang tidak usah didorong orangtua, setelah keluar dari sekolahnya dia cita-citanya, baik laki-laki maupun perempuan, itu mesti harus bekerja. Soalnya sudah pada tergugah hatinya, harus bisa mandiri, tidak selalu ibu menjagakke, menggantungkan penghasilan sang suami. Kalau pekerjaan anak saya tergantung nanti sang suaminya, toh nanti yang berkuasa suaminya, bukan ibunya lagi kalau sudah menikah. Tapi kalau bisa jangan ditinggalkan pekerjaannya, asalkan bisa membagi waktu. Khan lumayan untuk membantu sang suami. Kecuali kalau suami sudah cukup gajinya, bisa mencukupi rumah tangganya, itu boleh ditinggalkan.

Kalau sekarang saya cuma bekerja sosial di kampung, untuk mengisi waktu supaya jangan kosong, anak-anak sudah gede. Kebetulan dari Dasa Wisma, RT sampai RW, juga arisan PKK saya sekretarisnya. Jadi sering-sering waktunya tanggal lima sampai tanggal tigabelas itu penuh. Sebetulnya sebagai orang tua sudah mau meninggalkan itu. Saya sudah mengajukan, 'Mbok sudah sekarang diganti ibu-ibu muda, yang kerjanya cepat, kalau orang tua kerjanya sudah nggak cepat'. 'Nggak, ini yang dicari yang pengalaman', katanya gitu. Sebagai pengurus kegiatan kampung penghargaannya cuma pengakuan dari tetangga-tetangga.

Bu Parmi

Saya TK sampai SMP di Lamongan, di Jawa Timur. Terus lulus SMP saya ke Yogyakarta untuk meneruskan sekolah. Pokoknya anaknya bapak saya yang gede-gede itu kalau sudah lulus SMP nggak mau sekolah di Lamongan, mintanya keluar kota semua. Karena bapak mampu membiayai, anak-anak pada pergi semua. Orangtua nggak pernah didik anaknya untuk berjiwa dagang apa, tetap suruh sekolah dulu sampai selesai.

Saya SMA, terus saya kuliah di Akademi Kewanitaan. Cuma setahun tok, sudah selesai, semacam diploma. Di situ sambil di IKIP, jurusan Kesejahteraan Keluarga. Di IKIP saya tiga tahun, (tapi) nggak sampai selesai. Pokoknya nggak selesai kuliahnya saya, kakak saya, dan adik. Tapi mulai nomor empat ke bawah, itu adik saya sarjana semua. Adik saya nomor enam malah wiraswasta di Jakarta, dia yang berhasil sendiri. Yang bisa kadang-kadang kalau saudaranya ada kekurangan, dia yang nambahi, yang nolong dia. Jadi seperti pengganti bapak.

Saya menikah tahun 1969. Getun saya, menyesal, kenapa dulu kok nggak saya selesaikan (sekolah). Usia saya waktu (menikah) duapuluh dua tahun. Ketemu suami di Yogya sini saya, habis lulus SMA. Dia sudah kerja di Gabungan Koperasi Batik Indonesia. Waktu itu saya belum punya keinginan untuk kerja, ikut suami. Saya kok tertutup, di rumah tok sebagai ibu rumah tangga.

Saya cerai tahun 1990, tapi prosesnya lama sampai ke Mahkamah Agung. Soalnya waktu proses di sini saya berhasil menang, tapi bapaknya anak-anak ndak terima. Ke Pengadilan Tinggi Semarang, saya kalah, saya mengajukan kasus ke Mahkamah Agung. Sampai dua tahun baru keluar surat cerai saya. Jadi resmi status saya janda tahun 1992.

Sesudah kebentur itu baru ada perasaan ingin terbuka, ingin kerja. Tahun 1989 sudah ada keinginan dan karena kepepet nggak ada yang ngasih, sudah lebih baik saya cari sendiri. Hidup saya dari adik saya, saya sering dibantu ibu saya, dikirim adik saya. Kalau nggak dibantu nggak akan cukup. Tahun 1990 saya direkrut di perusahaan asuransi. Ada teman datang, kebeneran saya juga kepengin kerja. Anak-anak malah mendorong semua, disamping kemauan saya sendiri. Takut rasanya mau masuk kerja, trus anak-anak ndorong, 'Katanya mau kerja, kerja aja'. Sekali saya ikut pendidikan, kerja pertama di lapangan, hasilnya enak, lumayan gampang. Ternyata saya berhasil sampai sekarang.

Pertama saya sebagai agen. Kerjanya cuma cari nasabah di lapangan. Saya ke lapangan itu dari referensi adik saya. Tanpa adik saya itu saya nggak bisa apa-apa. Maka saya pergi ke Jakarta, ke Ujung Pandang, kemana-mana. Sekarang saya jadi supervisor. Tugas saya rekrut agen, ngantar agen ke lapangan. Disamping itu juga masih mencari sendiri buat diri saya sendiri. Agen itu nggak ada gajinya, itu cuma uang jalan untuk memacu kita dan hasilnya kita cari sendiri provisi. Kalau kita di lapangan berhasil kita dapat duit, kalau nggak ada kita nggak dapat duit. Jadi berat juga, konsekuensinya orang cari duit itu memang sulit. Sebagai supervisor belum ada gaji tetap, cuman bonus-bonus dari agen-agen, dan provisi saya cari sendiri. Pendapatan saya nggak tentu. Kadang-kadang bulan ini banyak provisi dari kantor, tapi kadang-kadang satu dua bulan lagi paling dapat tutupan kecil-kecil.

Kalau satu tingkat di atas saya, yaitu kepala unit, baru ada gaji tetap. Tapi saya sudah nggak bisa (naik pangkat). Usia saya sudah empatpuluh enam. Yang masih muda-muda dipromosikan, seperti anak saya nanti bisa dipromosikan sampai punya gaji tetap. Saya rasanya nggak bisa rileks, tetap masih cari sendiri duitnya. Kalau kita males-males memang siapa yang mau ngasih duit kita. Saya masih senang di asuransi, di mana lagi sudah tua kayak gini. Tanggung jawab saya masih besar. Anak saya masih kuliah semua dan suami saya tidak pernah (membantu) sama sekali.

Selama saya masih bisa saya akan bekerja terus. Pokoknya bukan karir yang saya cari, tapi uang. Kalau sudah seusia saya bukan karir lagi yang dikejar. Saya kadang-kadang punya pikiran disamping asuransi saya pengin ada kerjaan lagi. Saya kepengin wiraswasta tapi apa gitu. Idenya sudah ada (cuma) belum terpecahkan caranya. Kalau sekarang ketemu ide dan cocok di hati, saya nggak tunggu lama-lama. Dulu tahun 1986 sampai 1990 saya berjualan es. Untungnya es saya laku sekali, bisa untuk makan. Di Cirebon saya juga merintis jualan es, sampai pulang ke Yogya. Dititip-titipkan sekolah. Sekarang kok belum terpikir kesitu lagi.

Keadaan ekonomi orangtua saya mampu, di mata masyarakat juga orang terpandang. Harapannya anaknya bisa berhasil pekerjaan, jadi orang semua. Orangtua saya melihat saya cerai nggak seneng. Tapi mungkin dengan melihat saya menanggung keluarga sendiri mereka senang. Sudah nggak pernah ngirim apa-apa, saya juga sudah nggak pernah minta.

Anak pertama saya, laki-laki, masih kuliah di UGM, di MIPA, di jurusan Fisika Murni. Trus yang nomor dua, perempuan, kerja di asuransi (tempat saya). Yang nomor tiga kuliah di Geografi di UGM sampai sekarang masih. Trus yang kecil sendiri SMTK Sekolah Menengah Tehnologi Kerumah-tanggaan, kelas tiga sekarang jurusan Boga dia. Dia saya suruh masuk IKIP jurusan Boga kalau bisa, habis kalau anak saya kuliah nggak di negri saya nggak bisa membiayai. Terlalu mahal di swasta. Pendidikannya terserah anaknya (tapi) kalau nggak di negri nggak usah kuliah, lebih baik kerja saja.

Harapan saya pengin semua anak-anak saya jadi. Disamping sekolah berhasil, kalau bisa dapat pekerjaan yang tetap, jadi enak hidupnya. Jangan seperti hidup saya, seperti bapaknya di-PHK. Terserah dia mau kerja di mana, yang penting halal, dia kemauannya apa mestinya dia sendiri yang cari.

Anak saya kalau sudah selesai (studinya) saya haruskan dia kerja. Sampai saya suruh jangan sampai besok tergantung suami, seperti saya dulu. Jangan sampai. 'Jadi kamu sebisa mungkin harus sudah mulai kerja. Jangan sampai kamu menggantungkan sama suami, kalau bisa kamu harus bekerja'. Saya ndidik anak saya seperti itu. 'Biarpun kamu perempuan harus bisa cari sendiri'. Nanti kalau ada apa-apa, seperti saya dulu pisah, nggak bisa apa-apa, kasihan. Makanya saya didik mulai sekarang.

Anak perempuan saya biar bekerja dulu. Soal nikah nanti kalau memang sudah ada yang melamar, kalau dia minta cepat saya serahkan. Kalau ada yang 'beli'. Tapi biar cari modal dulu untuk masa depannya. Sekarang usia duapuluh lima belum menikah nggak masalah lagi. Kalau dulu udah dianggap tua. Tapi kadang saya juga (bilang) sama anak saya, 'Kamu udah segini kok belum menikah, padahal saya (umur) duapuluh dua dulu sudah punya anak'.

Jaman dulu wanita-wanita Indonesia jarang sekali yang bekerja, cuman mengikuti suami kalau udah nikah, sekolah nggak perlu tinggi-tinggi. Sekarang sampai anak perempuan tidak menjadi masalah sekolah sampai tinggi, usia pernikahan sampai diatas duapuluh lima tidak jadi masalah. Itu termasuk perubahan sikap. Sekarang kalau suami mereka bisa menghidupi (keluarga) nggak ada jeleknya kalau si ibu mengambil pembantu, dia mulai bekerja juga bisa. Itu kalau suami yang mampu. Kalau yang nggak mampu terpaksa dia cuma membesarkan anak dulu, sampai kira-kira seusia SMP, baru bisa ditinggal kerja. Jadi dilihat dari penghasilan suami. Dan anak harus dibatasi juga, jangan terlalu banyak, nggak bisa kerja nanti.

Saya juga termasuk wanita berperan ganda, ibu sekaligus seorang pekerja. Pokoknya saya ya ibu ya bapak. Disamping bekerja juga membimbing anak saya. Manfaatnya bekerja saya bisa menghidupi anak-anak saya, kebutuhan rumah tangga saya bisa saya penuhi sendiri, tidak tergantung orang lain. Sekarang lebih rasa percaya diri, lebih yakin karena ditempa pengalaman. Kalau kerja di rumah wawasan keluar itu kurang. Kalau di kantor, seperti kerjaan saya di lapangan, itu banyak wawasan, banyak teman, banyak pengalaman, pengetahuan tambahan. Mungkin di rumah bisa juga dengan baca koran, tapi pergaulan yang kurang.

Dampak negatifnya kelihatannya nggak ada, anak-anak saya udah gede semua, nggak ada yang terlalu mengikat saya. Biarkan saya pulang sampai malam anak-anak sudah mengerti. Tapi kalau dulu saya dikabarkan begini-begini. Karena pertama kali saya kerja di asuransi, ke lapangan otomatis saya di bimbing supervisor saya. Supervisor saya laki-laki dan masih bujangan. Tetangga yang nggak tahu, saya dikira pacaran, sore pergi kemana, siang pergi. Beratnya memang disitu, isu di belakang kiri-kanan memang begitu. Tapi saya diam, memang pekerjaan begitu, lama-lama mereka tahu (dan) berhenti sendiri. Sampai sekarang tahu, 'Wahai ibu itu ulet sekali kerja, cari makan sendiri untuk anaknya'. Biasa orang begitu, enak dia tinggal omong, nggak kasih makan anakku, nggak kasih makan saya. Tapi biar saja mereka menggonggong saya juga nggak merepotkan dia. Prinsip saya begitu. 'Saya makan nggak minta kamu, saya nggak mengganggu kamu, kamu mau lihat syukur, nggak mau ya sudah'. Saya urusan saya sendiri. Tetangga-tetangga itu bagi saya malah merupakan cambuk untuk memacu saya bekerja lebih keras lagi. Nggak saya dengarkan.

Bu Setyati
    Kebetulan orangtua saya anaknya cuma dua, dan ayah saya masih (bekerja). Jadi karena mereka bisa membiayai saya, (pendidikan) mereka nomor-satukan. Mulai kelas dua SMA, baru timbul (idenya) mau jadi dokter. Saya masuk Fakultas Kedokteran UGM tahun 1968, lulus dokter pertengahan tahun 1977.
    Kemudian saya nglamar ke UGM, Fakultas Kedokteran, sebagai calon pegawai, jadi asisten di Patologi Klinik. Bekerja di sana sampai sekarang. Sebagai pendidik di Fakultas Kedokteran, tapi untuk pelayanan kita diperbantukan di RS Sardjito. Di sana ada laboratorium untuk pelayanan pasien-pasien yang membutuhkan hasil pemeriksaan laboratorium. (Jam pengajaran) nggak tentu. Kadang dalam waktu dua bulan kita nggak ngajar-ngajar kuliah, hanya bimbingan-bimbingan. Tapi mungkin selama satu bulan (mengajar) terus-menerus. Biasanya paling seminggu dua kali.
    Yang penting kita terus bimbingan untuk mahasiswa. Kadang kita terima konsultasi dari dokter-dokter residen klinik yang masih menempuh spesialisasi. Kalau ada kasus-kasus yang sukar yang butuh pemeriksaan lab., saya dikonsultasi. Saya di bidang Hematologi, jadi penyakit darah, ada hubungan dengan kelainan darah. Tugas kita tri-darma.

Nomor satu pendidikan, lalu pengabdian masyarakat, baru
penelitian, tiga itu harus dipenuhi. Kita penelitian, disamping
untuk kepentingan sendiri, untuk kenaikan pangkat.
Otomatis kita mengangkat nama bagian juga.

Kerja sampingan saya di laboratorium swasta, cuma
seminggu sekali. Dan sementara (ini) saya mengganti sebagai
penanggung jawab di klinik, paling tiga tahun. Saya (juga) jadi
konsulten di RS Bantul, satu bulan dua kali, membina
laboratorium. Makanya (perlu) mengatur waktunya.

Kalau saya sendiri yang membuka usaha kelihatannya
tidak. Karena merintis, mendirikan (suatu usaha) butuh
pemikiran, waktu dan modal. Paling sampingan-sampingan
begitu. Ada dokter yang bisnis, tapi kalau saya nggak bakat
bisnis. Ada dokter putri yang bawa (dagangan), ada juga yang
bisnis alat kedokteran. Malahan ada yang punya usaha taksi,
becak.

Pendidikan saya paling diutamakan, tapi sedapat mungkin
tidak mengurangi kehidupan bermasyarakat. Kita harus
sosialisasi, kalau nggak nanti kita individualis cuma
memikirkan diri sendiri. Saya bekerja untuk menambah
pengetahuan, pengalaman, lalu menerapkan pengetahuan
yang kita dapat selama ini. Misalnya sudah sekolahnya susah-
susah, udah lulus, untuk apa kalau nggak untuk kerja. Lalu
kita harus cari nafkah untuk menghidupi keluarga. Jaman
sekarang sebaiknya suami istri kerja, kecuali kalau dari suami
sudah cukup. Kalau seperti kita lebih baik suami istri kerja
semua, apalagi (anak) kita udah sekolah, makan biaya
(banyak).

Saya sudah S2, istilahnya Program Pendidikan Dokter
Spesialis (PPDS). Waktu lulus saya masuk spesialisasi di
patologi klinik, tahun 1992 wisuda. Kelihatannya belum bisa
ambil S3, belum ada rencana. Soalnya itu makan waktu
banyak sekali dan biaya juga. Dan otomatis nanti di bagian
kerja kita cuma sedikit. Padahal saya di bagian sebagai wakil
dari koordinator pendidikan, saya masih dibutuhkan sekali.
Saya nggak bisa meninggalkan pekerjaan. Belum terpikirkan
dan saya juga masih mementingkan anak, (kalau ambil S3)
nanti sering pergi.

Kalau menurut orangtua saya, apalagi ibu saya, justru saya terlalu sibuk sehingga waktu untuk anak-anak kurang. Misalnya pas saya ada keperluan, dia bilang, 'Nanti kasihan anak-anak di rumah ditinggal terus'. Soalnya cucunya cuma dua, jadi waktu lebih banyak untuk anak-anak. Saya memang terlalu sibuk tapi saya berusaha kalau bisa kesibukan itu hanya terbatas di dalam kota. Jadi nggak terlalu banyak meninggalkan anak-anak. Jelas (harus begitu) kalau saya kerja, membantu suami mencari nafkah. Ada yang suami jungkir balik mencari nafkah tapi isterinya cuma di rumah, nggak ada pekerjaan khusus. Kalau saya nggak (mau begitu), untuk saya kurang baik.

Pendidikan anak-anak tetap nomor satu, selama kita masih mampu membiayai anak-anak. Itu saya tanamkan betul supaya mereka nantinya jadi orang yang mandiri. Harapan saya mereka sampai ke perguruan tinggi, di samping itu ilmunya bisa dikembangkan nanti untuk bekal hidup. Saya harapkan pekerjaannya bisa sesuai dengan profesinya. Kalau sekolahan jelas harus sudah selesai, sudah ada pekerjaan yang mapan, baru menikah. Saya juga pengin anak saya salah satu (jadi dokter) tapi kelihatannya nggak. Kalau yang besar, umurnya tigabelas, sudah kritis, dia udah bilang, 'Pokoknya saya jangan dipaksa, saya senang ke ini'. Kalau (adiknya) masih bingung.

Kalau sudah lulus, saya harap sedapat mungkin mereka mengembangkan ilmunya. Kalau saya masih kurang, selama ini saya nggak pernah (menerima) misalnya tawaran ke luar negeri. Kalau bisa anak saya jangan seperti itu. Jadi mereka bisa menambah ilmu pengetahuannya di luar (negeri). Tapi kalau bisa bersama dengan suaminya, pergi bersama-sama dengan suaminya ke luar negeri. Kalau sendirian soalnya itu masih perempuan. Kalau kebetulan ada (calon suami) yang cocok, ya sudah. Kalau sudah ada pilihan (harus) orang yang tanggung jawab dan jelas dia itu siapa, keluarganya gimana? Karena bisa dia sendiri orangnya baik, tapi keluarganya dari lingkungan yang gimana-gimana? Harapan saya kalau anak saya nanti punya anak, paling banyak tiga, dua atau tiga-lah.

Harus punya anak, (karena saya harus) punya cucu. Tidak lebih dari itu.

Jaman sekarang tuntutan masyarakat Indonesia, kebutuhan-kebutuhan makin banyak-kebutuhan di bidang ekonomi, kesehatan, dan sosial. Tuntutan untuk memenuhi kebutuhan semakin meningkat. Saya kira wanita berperan ganda lebih banyak dibutuhkan sekarang, karena kalau lebih banyak wanita yang di rumah, siapa yang mau terjun ke masyarakat untuk kemajuan bangsa dan negara? Sekarang emansipasi wanita, tidak semua harus dikuasai pria. Kelihatannya sekarang mulai struktur sosial masyarakat mendukung munculnya dan berkembangnya wanita berperan ganda. Tergantung sosio-kultur masyarakat (setempat). Masih ada semacam kebudayaan setempat yang (menganggap) wanita itu sebaiknya di dapur. Tapi kalau di kota-kota besar biasanya mereka suami-isteri bekerja. Bahkan misalnya dokter yang barusan lulus ditempatkan di daerah terpencil, jelas dia berperan ganda kalau sudah berkeluarga. Mungkin masyarakat di situ masih menganut wanita itu sebaiknya di rumah, tapi kenyataannya (dia) didatangkan ke situ sebagai dokter di Puskesmas. Dia harus mengurus keluarga tapi juga harus memajukan kesehatan masyarakat.

Kita harus mementingkan dua-duanya (keluarga dan tempat kerja). Sebagai ibu rumah tangga tugasnya selain mengurusi rumah tangga juga mendidik anak-anak. Karena mereka generasi penerus. Lalu sebagai karir kita mengembangkan ilmu yang sudah kita peroleh untuk pengabdian pada masyarakat, untuk diterapkan demi kemajuan bangsa dan negara. Disamping itu kita mencari nafkah untuk menghidupi keluarga kita. Namun untuk mencari kesimbangan antara kehidupan rumah tangga sama profesi itu sukar. Saya kira nggak semua orang yang bisa dua-duanya sukses. Kalau kita terlalu sibuk, otomatis anak-anaknya, mungkin belum sampai terlantar, tapi studinya anak-anak (terpengaruhi), anak mesti kurang perhatian. Tapi kalau kita nanti mementingkan rumah tangga aja, kita jadi orang yang egois, kita kurang hidup bermasyarakat. Kalau kita terlalu mementingkan keluarga daripada pekerjaan, pekerjaan asal kerja, dapat gaji, itu nggak benar. Sukar juga karena itu ditunjang dengan fisik yang baik. Untung suami saya kebetulan kerja satu profesi jadi nggak menuntut ini, itu. Suami saya bukan yang tiap saat harus diladeni. Kita bisa saling pengertian (dan) kita berdua mikir anak.

(Manfaatnya berperan ganda) kita mengamalkan ilmu yang kita dapat. Misalnya ilmu kedokteran kita pelayanan di bidang kesehatan, mengembangkan ilmu pengetahuan, untuk kepentingan kesehatan masyarakat. Menurut saya (staf wanita) nggak diistimewakan, biasa. Tapi kadang kita merasa, 'Apa sebetulnya tugas-tugas yang diberikan ke kita sudah dipertimbangkan? Yang ini kok begini, saya kok diberi pimpinan tugas ini, apa saya itu wanita dianggap nggak mampu?' Tapi mungkin itu perasaan sendiri. (Kalau) nanti saya bilang, 'Saya merasa dibedakan', (dan) sebetulnya dari yang memberi tugas itu tidak (begitu), kita mungkin dicap manja atau mentang-mentang wanita maunya milik pekerjaan yang lebih ringan. Kadang misalnya anak sakit kita kerja memang pikiran nggak tenang, penginnya di rumah aja nunggu anak sakit. Itu butuh pengertian dari pimpinannya. (Tapi) dengan sendirinya yang pria-pria iri, 'Kok ini boleh nggak masuk, nggak masuk itu merugikan'. Jadi memang ada yang nggak mau tahu. Pernah saya harus menyiapkan kuliah, harus bikin paper, kebetulan di rumah nggak ada pembantu, saya sendiri sakit, anak-anak masih kecil-kecil.

Beda orang bekerja di kantor dengan yang pekerjaannya dilakukan di rumah biasanya pandangannya lain. Misalnya kita ketemu di arisan dengan ibu-ibu, nanti kita nggak bisa ngomong yang berhubungan dengan pekerjaan kita atau mengenai ilmu kita. Kita harus berbaur dengan mereka. Kita mesti bicara mengenai anak, mengenai rumah tangga. Tapi kalau kita sudah di lingkungan kita sendiri kita bisa leluasa, misalnya diskusi masalah yang berhubungan dengan profesi kita. Berbeda dengan ibu yang hanya mengurus rumah seratus persen. Mungkin rumahnya beres, apa pun beres, tapi kalau dia keluar untuk diskusi dia nggak bisa, serba mengikuti wawasannya, jalan pemikirannya juga lain. Jadi paling nggak dia harus pernah terjun di masyarakat, mengisi waktunya, karena kalau seratus persen di rumah nggak bisa.

Saya merasa sendiri, (kegiatan) saya di kampung kurang karena saya terlalu sibuk. Kalau saya aktif di kampung, misalnya jadi pengurus apa, sampai saat ini belum. Padahal orang seperti saya mestinya banyak mengadakan ceramah di kampung. Saya rasakan kurang karena tugas saya di bagian udah terlalu penuh. Saya punya kewajiban menyiapkan ujian, untuk memberi kuliah, untuk bikin soal, tapi saya juga di lab. swasta. Itu juga menyita waktu. Saya di yayasan anti-kanker memberi ceramah, terus pengabdian di Bantul. Tapi itu masih sesuai dengan profesi saya. Saya arisan sama-sama dokter patologi klinik sendiri. Kalau arisan sini (nggak bisa ikut) karena saya jaga pratikum sampai setengah empat, baru pulang, arisan jam empat, udah capai sekali. Jadi saya menyambar-nyambar yang masih sesuai dengan profesi kita, saya rasa saya cukup. Tapi kalau untuk kegiatan kampung, masyarakat sekitar rumah saya, terus terang saya masih kurang, karena waktunya memang nggak ada. Sebab saya mendidik anak masih nomor satu.

Appendix B
Original Transcript: The Informal Sector

Bu Suhud

Saya lahiran tahun 1938, (hari ulang tahun) Ratu Yuliana baru (lewat) satu malam saya (lahir). Kalau saya nasib baik saya dikasih hadiah disekolahke di luar negeri. Tapi saya selisih cuma satu malam, nasib saya seperti gini, ndak sekolah, ya sudah diterima. Kalau saya (sekolah) udah blas, tapi ini agak mampu jadi malah bisa bekerja, bisa menghidupi saudara-saudara.

Bapak saya meninggal tahun 1948. Ibu saya ke pasar, (saya) keluar sekolah untuk ngopeni adik-adik. Jadi semua sekolah dari saya, saya korban ndak sekolah, kalau ndak ada yang korban repot. Baru kelas dua SD ibu saya meninggal, tahun 1951, umur baru duabelas tahun, saya sudah kerja keras menghidupi adik-adik. Mbak saya cari nafkah untuk hidup sendiri, ikut saudara. Saya sendiri untuk menghidupi adik-adik. Wah ngeri sekali saya cari makan dulu, sampai saya itu diththuki kenut-kenut, tapi saya jujur ndak mau mencuri. (Keinginan kerja) muncul dari hati saya sendiri, ndak disuruh siapa-siapa, kalau saya bisa buat apa-apa itu cuma saya lihat saya praktekke, lihat praktek, lihat praktek. Saya ulet, buat krupuk, buat tempe bisa. Pertama cuma jual sayuran, saya gendong sendiri sedikit demi sedikit. Terus ikut bulek saya jualan lombok di Beringharjo. Satu hari cuma dikasih gaji seratus tujuhpuluh lima rupiah. Tapi lama-lama saya nggak kuat menampung asap cabe itu, saya sakit.

Saya menikah tahun 1957. Suami saya kerja di jawatan gedung-gedung Gowongan. Saya ndak kerja rasanya mengeluh sekali. Kalau laki-laki (memang) harus tanggung jawab keluarga. Isteri memang mbantu tapi ndak terlalu kerja keras. Dari suami saya dapat cuma tujuh ratus limapuluh (rupiah per hari), mana saya menghidupi adik, anaknya kakak saya, adiknya bapak sudah punya anak ikut saya. Saya sudah punya anak dua, suami satu, saya sendiri satu, cuma empat, saya sampai keluarga sebelas. Kapiran semua, sudah sejak kecil ditinggal orangtua, kalau saya ndak nyekolahke, ndak nghidupi gimana. Kalau dibebanke suami, suami berat nanti bisa nyeleweng, bisa cari istri lain. Kalau orang Jawa memang bilang, 'Kalau dibebani melangkah dari pintu sudah istri ndak hak'.

Saya berhenti jualan lombok, (tapi) kalau nganggur nggak enak, saya sampai jualan Yogya-Surabaya. Wah banyak dihapusi, ditipu, saya jatuh, habis tiga juta. Saya mengeluh, 'Mau apa ya, mau jualan apa?' Memang bakat saya begitu. Saya diberi orang-orang mbok suruh beli tanah. Tahun 1975 saya beli, buka warung di sini, belum seperti sekarang ini. Dulu nggak laku, es dua ratus (rupiah) saja ndak habis. Saya cuma tekun sembahyang, tiap jam tiga, jam duabelas minta sama Tuhan, nggak pernah berhenti bekerja. Anak saya perempuan kerja keras, anak sekolah itu, tiap pagi jam 5.30 saya sudah menanak nasi langgi, diantarnya ke tempat kos-kos. Anak-anak bilang, 'Anakmu kasihan, mbok sudah buka aja, saya nanti kesana'.

Sok-sok kekurangan modal. Saya punya bahan apa, saya jual, pokoknya biar warung ini bisa berkembang. Jangan sampai dijual untuk makan, ndak kerja. Pokoknya kira-kira uang ndak cukup untuk belanja, apa adanya dijual untuk memenuhi belanja. Nanti dihitung, uang keluar berapa, masuk berapa. Pokoknya sampai jadi ya sekarang ini. Satu bulan bersih limaratus (ribu rupiah), itu bersih. Tapi kalau sepi seperti hari puasa kurang. Yang beli kurang, senang masak sendiri kalau malam, saur. Sepi gini tiga ratus bersih.

Sungguh wah cobaan sama Tuhan berat sekali. Sebetulnya anak saya bukan cuma dua, tapi saya gugur tiga. Saya bilang sama Tuhan, 'Tuhan kalau saya cuma diberi anak cuma (terus) sakit gini, sudah dua saja cukup, asal diberi kesehatan'. (Setelah) itu njuk pet sudah tidak lagi cuma anak saya dua. Pokoknya pasrah gitu.

Saya beribu-ribu terima kasih ndak sekolah, anak saya sampai masuk di UGM. Kalau ndak pandai, kalau nasib nggak baik, ndak bisa masuk situ. Kalau kepintaran ndak mungkin habis sampai mati. Tapi dia agak lambat, setelah bapak meninggal tahun 1989, rasanya nglokro, ndak mau kuliah. Sampai empat tahun saya cuma minta harus selesai, biar belum dapat pekerjaan, pokoknya punya titel. Wong cuma kurang satu langkah kok ndak mau, kasihan orangtua. 'Lha kuliah bisa selesai nanti mbok belikan mobil yang baru'. Tepatnya selesai saya bisa beli yang baru. (Waktu itu) belum seperti sekarang ini, ndak punya apa-apa sungguh, sepeda motor aja tidak punya, hanya sepeda itu toh sudah jelek. Saya minta pada Tuhan, suami saya sudah dipanggil, hidup bertiga sama anak, harus ada imbalan supaya saya bisa sampai jangan kalah sama orang-orang mampu. Saya sedikit demi sedikit punya meja, kursi, TV, punya sepeda motor itu baru empat tahun.

Saya itu paribasan ngaten, 'Mbok kowe arep ngantem pipiku tengen tak kekke kiwa'. Kula saestu mboten nate mbok dionekke werna-werna mboten ambil pusing. Pokokke ora ngganggu, akalan. Saya orang ndak punya, anak-anak sekolah, rumahnya jelek, ini saja sudah brukut, dulu ndak brukut. Saya tidurnya di belakang. Saya tidur ndak pernah di atas, semua tidurnya di bawah pakai tikar. Baik gudang sama ini. Kalau makan ya beberapa le ngasih saya ndak minta. Cukup ndak cukup ya apa adanya, saya taruh di meja udah ambil sendiri-sendiri.

Baru anak saya ini lulus dari UGM Fakultas Pertanian jurusan Tanah. Anak bungsu cuma SMP, kurang mampu otaknya, cuma mengikuti saya di rumah. Mbak saya punya anak ikut saya, 'panutan', saya kuliahkan sampai habis di Antropologi UGM. (Anak saya) dua, anak angkat keponakan saya ambil, anak adik saya ambil, saya sekolahkan sampai SMA, adik yang nomor empat, semuanya saya tanggung sampai SMA. Sekarang masih bantu sedikit-sedikit, pokoknya kalau saya punya rejeki ndak saya makan sendiri, saya bagi-bagi. Kalau ada yang minta pertolongan sama saya, saya bisa, saya tulungi. Asal tidak uang, kalau uang ndak punya. Saya suka ngasih orang, timbang aku njaluk. Saya sendiri belum punya apa-apa kok masih menghidupi saudara-saudara, anak saya bilang. Tapi saya ndak apa-apa, saya bisa membagi, anak dulu kalau ada sisa diberikan adik-adik. Saya cuma minta (dan) kerja keras. Kalau kerja pelan-pelan nanti le ngasi sama Tuhan ya pelan-pelan. Saya minta waras sehat, kasih rejeki panjang umur. (Saya ingin kerja) sampai dipanggil Tuhan. Kalau saya ndak bisa kerja sudah dekat mau ditimbali sama Tuhan. Umur saya sudah limapuluh enam, anak saya perempuan sudah tua belum punya jodoh. Kakaknya sudah tua belum bekerja dan kalau ndak kerja rasanya kalau ambil isteri nggak enak. Saya minta pada Tuhan kalau sewaktu-waktu dipanggil, saya bisa nenggani anak mapan.

Saya rencana kalau anak saya bisa bekerja di negeri ini, sudah cukup sekian saja. Kalau di luar Jawa ndak mungkin, adiknya sendiri (dan) saya sudah tua. Kalau ndak bisa, saya meningkat pakai mobil roda empat cari di mana yang ramai, apa di Parangtritis ramai, di Kaliurang, di Glagah rame, pokoknya (buka) cabang. Kalau ada uang, ada warung yang cocok, mau saya kontrak untuk anak bungsu, nanti didampingi pembantu. Memang anak saya saya didik tapi agak sulit. Sejak lahir memang kurang mendengar, harusnya operasi. Tapi sejak kecil itu pemberian Tuhan, saya nggak berani melawan sama Tuhan, sudah ditinggal begitu. Ada kemungkinan dia sedikit demi sedikit mau kerja sendiri, tapi yang tanggung jawab harus kakaknya.

Saya jualan gini yang diapusi sudah satu juta (rupiah). Saya biasa cari obyekan apa-apa, kain apa perhiasan tapi kalau udah ya udah. Kalau orang Jawa bilang: 'Nek bondho sampiran, nyawa gadhuhan. Nek nyowo arep dipundhut sewayah-wayah sendika nglampahi, bondho menawi telas pilih mergani'. Sampai tetangga itu meri sama saya. Banyak sama saya tanya, 'Bu...itu golek pelarisan nang endi?' Tapi saya tidak ada rahasia apa-apa, cuma itu. Rumah ini, kalau Kejawen itu, ada yang ngreksa.

Memang kalau jualan ini untungnya banyak, tapi orang-orang (lain) bisa kaya, ning kalau saya ndak. Tahu Nyonya Suharti? Itu komplot sama saya, tapi sana kaya saya ndak bisa kaya. Itu jalannya sama, Nyonya Suharti dulu cuma pakai manci, pakai tas plastik, penjalin di Gandekan, tapi sana orangtuanya masih. Cuma lulus SD, tapi ya kursus-kursus. Sana ayam saya tempe bacem sama tahu, satu tahun kerjanya sama, jalannya sama. Sana tiap malam masih tirakat, dulu sampai sekarang. Nyemplung teng kali Gajahwong mriku, kungkum sampai sakleher, jam rongbelas theng sampai jam telu, njuk dadi laris, terkenal. Sekarang cabang di Bali, Jakarta, di mana-mana ada. Ning bapake orang pinter, kebatinan, dianter bapaknya, dijaga. Sekarang ndak kungkum cuma semedi di atas. Kula inggih dikandhani ning kula ora wani. Saya sendiri sembahyangan, nyembahyangke roh-roh.

Kalau saya merasa kok tidak umum. Saya sendiri. Wong saudaranya aja nggak sama, kemauan sendiri-sendiri, ndak seperti saya. Ndak bisa, 'Kowe kudu kayak aku'. Kakak saya sudah ndak kerja. Kerja apa saja ndak jadi, sekarang nganggur, anaknya tujuh. Mbak saya sampai meri sama saya. Yang nomor satu dan nomor empat ndak mau kerja keras seperti saya, yang paling mau saya sama yang jualan di Kaliurang. Pertama saya latih disini, terus saya suruh jualan, saya modali. Anglo, gelas, termos, segala macam, sampai sekarang ini di Tlogo Putri. Kalau yang nomor lima di Jakarta, parkir di Hotel Gadjah Mada.

Adik saya yang nomor empat nasibnya malang. Tapi tabah, dia nganggur, suaminya nganggur, sampai diwayuh tiga. Mosok nganggur nganti bojone tiga. Masih muda-muda semua, yang paling terakhir sama anaknya yang nomer dua umurnya banyak berbeda, kalau ditari aja mungkin masih mau. Mau ndak mau harus diterima, cerai ndak bisa, ndak ada alasan apa-apa. Sampai kasihan saya. Ning ndak mau banting tulang seperti saya, kalau mau mungkin anaknya baik-baik. Anaknya sudah mabuk-mabukan, padahal lulusan SMA semua, nganti judheg kula ngasakke. Anak itu titipan Tuhan harus dididik, jaga yang baik. Kalau orangtua, sudah suami mbambung yo ben mbambung, kalau ibu mau kerja keras, mesti anak mengikuti orangtua. Lingkungan sama pendidikan sama bapak-ibu, berat lingkungan. Jadi rusak anaknya.

(Kalau) yang perannya 'double' harus bisa membagi waktu. Kalau saya punya suami harus mendampingi suami, tanggung jawab apa yang diinginkan suami. Kalau pagi sudah siap apa adanya, kalau pulang dari kantor ya apa adanya. Kalau pagi suami saya mau budhal jam enam. Saya sudah bangun jam empat. Kalau suami kerja nggak nyukupi, harus jalan bersama. Suami saya nggak pernah marah, diterima apa adanya. Pokoknya semua orang harus terima. Sampai mau meninggal kalau Tuhan ijinkan diajak saya.

Orang kalau di kantor apa di bank itu punya pendidikan. Kalau saya sedikit-sedikit bisa maca bisa nulis saya mau cari pekerjaan begitu. Tapi saya merasa sudah minder, menulis nggak bisa, baca nggak bisa. Saya harus kerja keras di rumah, apa di mana saja ada rejeki. Kalau dulu harapan saya segini (tingginya) tapi nggak dididik orangtua.

Di sini ada arisan RT, arisan WK Wanita Katolik, ibu-ibu Katolik, ada juga (perkumpulan) ibu-ibu janda. Tapi saya ndak ikut. Wong repot sekali tiap berapa minggu sudah ada lagi. Dulu saya memang rutin, kalau sekarang sudah bapak nggak (ada), rumah repot, uang harus diatur sendiri. Kalau diserahkan pembantu nanti nggak karuwan. Kalau anak saya keadaan begitu nggak bisa pegang penuh uang. Saya (dulu) punya pembantu dari Wonosari, pinter, dipercaya, sudah apa saja merantasi tapi curang, sampai ambil uang lima ratus ribu (rupiah). Sudah, kepeksa anak saya Tini yang mengikuti apa-apa, sosial atau untuk paskah, untuk membantu apa-apa.

Saya (dulu) lihat orang tua itu gemuk sekali. Estri semanten pakai kemben. Ndalu jam setengah tiga malam. Tapi (saya) ndak merem. (Mulut) saya seperti kunci gitu. Cuma bilang 'Iya saya dari Wudiyan, besuk saya yang juali'. Terus pergi lagi bawa tembor, keluar pintu belakang. Saya tanya sama bude saya, 'Mbok saya (lihat) orang tua gemuk sekali nggak pakai baju, itu siapa bude?' 'Oh itu embahmu, embah Gepil'. 'Meninggalnya hari apa', saya tanya gitu sama bude saya. 'Hari Senin Pahing'. Itu pas harinya hari Senin Pahing. Saya diberi uap. Terus saya ke Parangtritis. Di sana sembahyang, minta uap, lancar, sehat. (Embah saya) muncul lagi. Cuma merasa dua kali. Mulai berkembang terus. Sampai sekarang saya ndak lupakan sama embah saya di Wudiyan. Tiap hari Jumuwah apa Slasa Kliwon harus ke Parangtritis.

Memang sudah nasib, harus kerja keras. Kalau saya nasibnya baik ibu saya ndak meninggal, bapak saya ndak meninggal. Itu khan sudah takdir Tuhan, harus begitu nasibnya. Ndak dibawai apa-apa, cuma mata sama kaki.

Bu Eti

Saya ndak sampai lulus, baru kelas dua SMA terus kawin, karena keadaan rumah ndak mendukung. Dulu (dia) teman main voli, saya nggak ngira mau jadi istrinya. Benci kalau lihat tapi akhirnya timbul rasa kasihan. Dia punya kakak itu temen baik sama bapak. Kakaknya bilang, 'Saya seneng sekali kamu jadi adik ipar saya', saya malah pasrah. Dia (sudah) bekerja di Koperasi Produksi Pengusaha Perak Yogyakarta (KP3Y). Ibu bapak (saya) pendidikannya sudah agak modern jadi yang penting bukan kekayaannya atau materi tapi sekolah, dapat suami yang sekolahnya tinggi. Dengan saya bekerja seperti ini, mereka kecewa. Cita mereka saya jadi dokter. Setidak-tidaknya punya titel. (Mereka) menentang, saya nggak boleh kawin dengan dia, tapi saya sudah terlanjur janji bahwa saya bisa dan sanggup. Saya sudah hamil tiga bulan baru menikah, karena nggak boleh, saya nekad dulu. (Saya) kawin pada bulan September 1967, (umur) delapanbelas tahun, bapak sebelas tahun terpautnya.

(Waktu nikah) bapak yang bekerja, saya sering kalau ada baju atau dagangan, saya ambil dulu, saya jual. Cuman kecil-kecilan, bisa dilakukan di rumah. Kalau sekarang perhiasan, (sudah) sekitar sepuluh tahun. Waktu itu saya disuruh, 'Mbak kalau ada cari ini, seperti ini, ini mau tak jual'. Ndilalahnya yang saya tawari mau, yang jual juga boleh, tawar-menawar saya dapat laba, lama-lama jadi hobi. Seperti kayak bakat.

Saya ndak cita-cita untuk bekerja, cita-cita punya suami yang gajinya besar, serba cukup, saya cuma sebagai ibu rumah tangga, tapi Tuhan memang lain. Saya (menghasilkan uang baru) sesudah kawin, karena keadaan waktu itu suami saya pas-pasan, saya nyoba-nyoba. Nggak terlintas saya besok mau dagang, mau punya perusahaan. (Tapi) kalau hanya suami saya yang kerja ndak bakalan cukup menghidupi anak lima. Saya dari keadaan yang terpaksa, sekarang sudah menjadi panggilan. Selama saya masih mampu untuk bekerja, saya akan bekerja.

(Jam kerja) belum tentu, kadang seharian ndak di rumah, kadang seharian nggak keluar. Kalau ada yang mau kasih uang (saya) tunggu, kalau ada yang mau nagih hutang tak tinggal lunga! Anak-anak sering lihat saya nggak di rumah, saya mutar, nyari barang nyari pembeli, kadang sehari nggak bisa ketemu orang yang saya cari, nanti saya ulangi lagi, sampai seharian nggak di rumah. Kadang-kadang anak-anak mau makan, belum ada lauk, tapi saya kira (tidak lagi masalah) setelah anak-anak lebih besar. Kalau dulu waktu anak-anak masih kecil-kecil walaupun saya belum ketemu orangnya saya harus pulang dulu untuk menyediakan makanan mereka, nanti pergi lagi. Tapi kadang sehari saya nggak pulang, bapak yang beli, mau dia kalau saya lagi kerja.

Saya juga pernah bekerja sebagai promosi memperkenalkan pasta gigi ke masyarakat, ceramah pada organisasi wanita. Sukses saya waktu itu, gajinya besar sebulan bisa mendapatkan empat ratus ribu rupiah. Pernah (bekerja) di Avon, sekarang sudah nggak. Sekarang Amway tapi nggak jalan. Saya nggak ada minat, karena kalau ada pesanan kita mbayar dulu, terus barang dikirim mungkin sampai satu minggu belum.

Cita-cita memang ada, nanti sesudah anak-anak selesai sekolahnya, ingin meningkatkan (bikin) perhiasan yang kecil-kecil. Saya punya tukang tapi nggak di rumah, di luar, nanti saya titip-titipkan. Sana cari ini, saya punya, saya antarkan ke sana, kalau ndak saya pesan dibuatkan tukang saya. Tapi sampai saat ini berjalannya baru sedikit, baru bikin cincin, bikin subang, yang besar-besar belum.

Anak saya lima. Anak pertama saya sudah selesai, lulusan UGM Teknik Elektro, ternyata cita-cita saya sudah tercapai satu. Anak perempuan pertama saya sudah hampir selesai di Arkeologi, adiknya sekolahnya di AKUB, hampir selesai. Terus anak saya laki-laki, anak saya perempuan, kedua-duanya baru kelas dua SMA.

Cita-cita saya supaya mereka dapat pekerjaan yang baik. Saya mengharapkan mereka bisa bekerja dari sekolahnya, tapi kalau dia ingin kerja sampingannya, bisa seperti saya. Kalau kawin, dapat suami yang baik, artinya tidak harus kaya tapi harus bisa mandiri. Nggak pandang laki-laki atau perempuan, kalau bisa dua-duanya bekerja. Walaupun mungkin sekolahnya nggak bisa diandalkan ya wirswasta, dagang seperti saya atau mungkin dari kursus salon bisa buka salon atau kursus potong buka modiste, atau mau kursus paes menghias penganten, kalau yang putri begitu. Syukur kalau bisa bekerja di kantor. Kalau anak saya kelihatan rada bodho, saya anjurkan untuk kursus, untuk bekal kalau dia sudah kawin, bisa membantu suami.

Saya dulu sekolahnya nggak selesai, sekarang anak-anak saya harus selesai. Kalau saya mati nggak bisa belikan rumah untuk anak-anak. Tugas sebagai orangtua memacu anak supaya sekolah sampai selesai. Kalau kekayaan nanti ada kebakaran bisa habis, tapi kalau ilmu nggak. Anak saya (dan) calon suaminya sudah ingin kawin tapi saya punya prinsip kalau anak-anak sudah selesai studinya baru nikah. Sampai saya sering bilang (pada) anak saya yang paling bungsu, 'Ah mbok jangan, jangan punya pacar dulu'.

Selama ini barang dagang saya ngambil dari orang, saya nggak modal. Jadi modalnya cuma kepercayaan, saya dipercaya orang. Sebetulnya malah berat dipercaya orang, kalau pas meletakkan barang (salah) akibatnya begini, digadaikan orang. Saya sebetulnya baru susah-susahnya, tapi sesudah masalah ini sudah rampung, saya tetap akan berdagang, karena saya menemui hambatan baru kali ini. Mungkin dari kurang hati-hatinya saya melepas dagangan, saya terlalu menaruh kepercayaan kepada seseorang yang belum begitu saya kenal. Suka-duka dari dagang berlian begitu.

Kadang-kadang dalam bulan ini dapat banyak, kadang-kadang menurun, orang dagang khan mencari peluang-peluang mana yang membutuhkan. Jadi tidak tentu pendapatan. Kadang-kadang saya berdasarkan pesanan, 'Oh sana membutuhkan ini saya carikan', tapi kadang-kadang saya punya, saya cari pembeli. Terus saya mencoba bikin, tahu-tahunya laku. Coba-coba saya nutup barang yang murah tahu-tahunya malah lama nggak laku, malah rugi gitu. Jadi musiman, kalau pas hari mau Lebaran ini, pas banyak ingin membeli perhiasan.

Kadang-kadang pas dagangannya sepi anak-anak membutuhkan biaya sekolah. Suka-dukanya mungkin barang saya kurang cocok dengan mereka butuhkan, atau ada orang membutuhkan, barangnya nggak ada. Seperti saat ini banyak yang membutuhkan tapi barangnya sulit. Tadi ada yang pesan cincin yang harganya dua juta rupiah, ada yang pesan gelang harganya sampai limabelas juta, barangnya masih dibawa orang jadi saya belum bisa, rasanya eman-eman, sayang. Saingan ada, sering serobot-robotan. Saya jarang di pasar, saya lebih senang dari rumah ke rumah. Sering tetangga-tetangga malah ngambil saya, saya lebih senang, daripada orang yang nggak ngerti rumahnya.

Banyak sekarang wanita sebagai ibu rumah tangga juga bekerja membantu suami, untuk menambah *income* keluarga. Sudah hampir suami-isteri jalan sama-sama. Tidak ada lagi istilah 'membantu'. Mencari *income* keluarga baik sekali karena walaupun gaji suaminya sudah cukup, pendapatannya bisa ditabung untuk di hari tua. Nanti saya tidak 'njagakke', menggantungkan penghasilan anak-anak. Tugas saya sebagai orangtua menyekolahkan anak setinggi mungkin sampai dia bisa untuk bekal hidup nanti. Saya lebih senang kerja sampai saya tidak mampu lagi untuk mencari, tapi saya sudah punya tabungan.

(Dampak negatif) tergantung orangnya, tergantung peranannya. Sekarang banyak wanita sering keluar rumah, ternyata dia tidak bekerja tapi dia mencari kesenangannya sendiri. Saya sering lihat ibu-ibu isteri pejabat yang banyak sekali jabatan dalam organisasi ini, rapat sini, rapat sana, sebagai bendahara ini. Sebetulnya mereka nggak perlu bekerja. Kalau saya dapat uang seribu rupiah saya merasa senang karena itu dari jerih payah saya sendiri. Saya lebih bangga bisa cari uang seribu sehari daripada saya cuma memperorganisasi ini, memperorganisasi itu, tapi ndak ada penghasilannya. Kadang-kadang suami saya nggak tahu kalau saya mempunyai penghasilan yang lebih daripada dia.

Kalau di kantor punya penghasilan tetap tapi kalau wiraswasta ada untung-ruginya. Kadang-kadang bulan ini tidak seperti diharapkan, tergantung pada kita cara bekerjanya. Saya seharian muter dari lima orang yang beli hanya dua, kadang dari tiga orang nggak ada yang beli. Kalau di kantor bisa punya koneksi untuk anak.

(Saya ikut) PKK terus KADERSEHAT yang khusus untuk kesehatan anak dan ibu hamil, tiap bulan mengadakan timbangan bayi, pemberian makanan tambahan untuk Balita, terus pemberian vitamin untuk ibu hamil. Ada dari PKK yang dikursus menjadi KADERSEHAT, kebetulan waktu itu saya jadi ketua seluruh kecamatan. Saya sampai lima tahun, terus saya nggak aktif dengan alasan kesibukan rumah. Sudah saya batasi organisasi sosial karena dituntut kebutuhan, semakin anak-anak pendidikan tinggi, biayanya juga semakin tinggi. Saya lebih mementingkan untuk bekerja. Tapi melepas organisasi sosial nggak bisa, di lingkup kecil saya juga sebagai pengurus di Dasa Wisma, pertemuannya sebulan dua kali. Di tingkat RW ada lagi arisan tiap hari Minggu, ada lagi tingkat kelurahan setiap bulan. Di sini anehnya pertemuan banyak yang malam hari, karena siang hari ibu-ibu nggak ada yang ngangggur. Ada lagi Usila, kumpulan ibu-ibu usia lanjut, khusus ibu-ibu yang senam tiap hari Selasa dan Sabtu. Saya jadi pengurusnya, tapi nggak pernah ikut senam.

Di Kotagede sini hampir ndak ada perempuan yang nggak kerja walaupun kecil-kecil, walaupun suaminya sudah mempunyai gaji besar, kebanyakan masih ingin bekerja. Sifat dari keturunan, dari nenek moyang, kalau perempuan di sini ngangggur rasanya sungkan sama tetangga. Walaupun penghasilannya nggak seberapa, tapi dia ingin mencari pekerjaan. Upamanya suaminya kerja di kantor, gajinya banyak. Kalau ada orang nawarin dagangan, 'Bu coba ini dijualkan', tentu dia mau. Dia sudah punya niat untuk mendapatkan penghasilan.

Mbak Ratmi

Saya lulus Sekolah Kesejahteraan Keluarga Atas (SKKA), menyiapkan nanti kalau mau diteruskan ada bidangnya, tapi kalau mau menikah sudah dipersiapkan, ada sedikit bekal mungkin membuka usaha. Waktu itu, ekonomi kami sulit sekali, saya harus kerja menjahit kain 'dinner set' batik. Tiap bulan lumayan, bisa untuk bayar sekolah. Saya lulus tahun 1973, umur delapanbelas. Kemudian ikut di tempatnya tante selama satu tahun, mengatur rumah tangga, kayak pembantu bangun pagi-pagi tidur malam. Ada untungnya, saya dapat belajar masak yang enak-enak, tahu gizi yang baik untuk anak-anak. Tahun 1974 pulang ke rumah. Saya kerja di Pusat Musik Liturgi (PML). Di rumah ada mesin jahit satu tapi tidak pasang (iklan). Ada orang datang tanya, 'Sini terima jahitan? Bisa buat model ini?' 'Bisa', walaupun juga harus mikir apa pernah. Jadi cuma *make up* saja. Disamping karena sekolah saya, saya diberi sedikit kelebihan menjahit, untuk mengisi kesibukan waktu luang saya. Jadi selama di PML saya juga menjahit. Ternyata terus berlanjut sampai sekarang.

Waktu ikut koor di gereja, ketemu suami saya. Saya diterima bukan karena suara saya bagus tapi disana jadi bagian menjahit seragam dan pasang konde. Tahun 1975 dapat undangan ke Jerman, (tapi) saya disuruh suami saya keluar dari PML karena mau menikah. Tahun 1976 punya anak satu, kemudian 1979 tambah lagi, dan terima jahitan sampai sekarang.

Suami saya sekolahnya sampai SMA terus kerja di Puskat—Pusat Kataketik, tahun 1970 sampai 1983. Puskat itu sekolah persiapan guru-guru agama, ada juga audio-visualnya. Bapaknya dulu yang buka studio foto, dan kalau suami saya tidak melanjutkan habis, jadi dia keluar dari Puskat ganti melanjutkan usaha bapak. Servis kamera di Wirabrajan sampai sekarang. Mulai dari motret sampai servis kamera dan repro slide (memperbanyak slide), keahilannya suami saya. Yang cuci reprornya adiknya karena dia nggak kuat baunya. Usaha sendiri menerima langsung, kita kembangkan sendiri. Sama seperti saya, servis kamera itu rumah merangkap kerja. Nggak pasang tanda, sudah terkenal dari orang ke orang, karena keahlian langka, agak antik. Saya punya keahlian sendiri, pekerjaan sendiri, jadi kami saling mengerti punya tugas sendiri-sendiri.

Waktu di Puskat gajinya sedikit, kebutuhan terlalu banyak, (jadi) ditopang dengan jahitan untuk kebutuhan sehari-hari. Anak-anak masih kecil, butuh susu banyak, makanannya harus bagus, saya bisa (menopang) itu. Gajinya suami saya itu untuk pendidikan, beli TV kecil, tape, bisa beli motor bekas. Menjahit untuk kebutuhan sehari-hari. Sampai sekarang perbandingan (gaji) tetap banyak dia.

Puji Tuhan setiap hari ada pekerjaan, ndak pernah lowong. Langganannya banyak, kwalitet oke tapi nggak bisa *on time*. Saya akui saya kurang disiplin tentang waktu, kelemahan saya disitu, mungkin karena saya kerjakan sendiri. Kalau saya dapat temen yang cocok diajak kerjasama, bukan majikan dan buruh tapi teman kerja sama... . Tapi sulit, saya orangnya harus begini diseterika dulu, baru dipasang, tidak setiap orang telaten kerjanya. (Juga) yang punya baju sering dapat merasakan ini yang jahit bukan saya, nggak seperti biasa. Dulu pernah ada (teman kerja) terus menikah buka sendiri dirumah. Rasanya kurang sabar mendidik, dan yang sudah jadi biasanya nggak mau ikut orang. (Adik saya) termasuk humasnya—hubungan masyarakat, bagian keluar belanja kebutuhan jahitan, mengantar jahitan, vital dia.

Kemarin habis Natal saya sempat libur tiga hari di Sarangan. Cuma nggak enak, di sana pikiran punya tanggung jawab di rumah. Nggak bisa santai. Kadang-kadang pengin mengurangi kerja tapi nyatanya nggak bisa. (Di rumah sini) tidak (ada pembantu), ya saya ini merangkap pembantu. Soal dapur suami saya tidak menuntut, tidak harus masak, jadi beli lauk matang mau.

Tangan saya diberkati, bisa jadi penjahit bagus. Kalau nggak langganan sudah pada lari semua. Memang semua bilang jahitannya apik, kepenak. Kalau langganan sudah tahu seleranya, kesenangannya apa modelnya. Saya menjahit sudah sembilanbelas tahun, sudah tidak perlu dipikir lagi, langsung bisa. (Saya) sudah jenuh, kadang-kadang bosan kerjanya sendiri, (tapi) nggak punya keahlian lain.

(Anak saya pinter) itu berkat, soal mendidik anak juga bodoh, kurang baca buku, saya tahunya cuma menyediakan kebutuhannya, mendoakan. Bisanya cuma itu. Kita tidak pernah mendikte kamu harus begini, kami menghargai keinginan (mereka). (Pendidikan anak-anak) terserah mereka, kami tinggal manut.

Saya ingin meningkatkan (usaha), untuk menyiapkan anak saya yang kecil. Jahitannya tetap tapi ada usaha lain, kue-kue gitu. Dia Sekolah Ketrampilan Pertama (SKP) bagian masak, jadi paling tidak besok kalau ada pesanan-pesanan kita sudah melatih dulu.

Yang satunya SMA, kayaknya lebih condong ke studinya, bidang pekerjaannya saya belum tahu. Tapi saya berharap (anak saya) tidak perlu melanjutkan (usaha saya), banyak bidang-bidang lain yang lebih diminati oleh anak-anak. Selama ini tidak pernah saya maksakan, upama dia mau bekerja mau jadi ibu rumah tangga itu keputusan di tangan mereka. Saya kawin muda ada jeleknya, ada baiknya, (anak-anak) bisa menilai apa yang orangtuanya (lakukan). Soalnya anak-anak kalau orangtua salah mereka bisa ngomong dan kami orangtua juga mau mendengarkan, demokrasi. Masa depan anak-anak di tangan mereka, saya cuma menekankan, 'Saya cuma bisa menyekolahkan, kamu harus rajin pintar biar jadi orang bukan orang-orangan di sawah'.

Saya kerja sendiri di rumah tidak banyak tekanan-tekanan, tidak mempunyai atasan atau bawahan. Kalau bekerja di kantor dengan atasan kita harus mempunyai semacam toleransi. Benturan-benturan juga ada. Saya harus melayani orang-orang yang bermacam-macam. Kadang-kadang mungkin suasana hati langganan juga mempengaruhi baju, kalau dia suasana hati nggak enak, sering rewel. Saya harus bermacam-macam pribadi, melayani bermacam-macam lapisan, pendidikan. Kalau pendidikannya lebih tinggi agak rewel. Kalau yang orang-orang sederhana itu sederhana tata melayaninya.

Berperan ganda itu sebagai isteri sekaligus sebagai pokok. Selama ini saya merasa cuma membantu, ikut meringankan suami saya. Kalau ada kebutuhan anak-anak atau sehari-hari yang bisa saya atasi, saya atasi. Kalau tidak, saya tinggal laporan, tapi komando tetap dia. Satu komando saja sebagai seorang Jawa. Saya kira sisi baik dan sisi buruknya dari ibu yang bekerja juga ada. Tuntutan jaman sekarang, gaya hidup, trend hidup sekarang cenderung ke sana dan peluang untuk itu ada. Kalau sisi baiknya ada tambahan pendapatan, tapi kadang mereka membagi waktu juga tidak bisa. (Mereka) lebih dominan, lebih kuasa bisaanya.

Dengan saya bekerja anak-anak lebih bisa menghargai jerih-payah saya, ikut merasakan kalau saya nglembur, artinya sekolah lebih tekun dengan nilai-nilai bagus. Kalau anak-anak belajar malam, saya nungguin sambil motong apa yang bisa saya kerjakan nggak brisik, ikut nggak tidur, (jadi) anak-anak merasa ada dukungan.

Kalau di kantor harus tepat waktu, on-time. Tapi yang di kantor bisa cari teman-teman, di kantor kalau ijin tidak masuk, dipotong gajinya. Kalau yang ibu rumah tangga tetap kita bisa menunggui anak-anak kalau sakit. Kalau kita kerja di luar kita juga banyak dituntut, harus rapi berpakaian karena lingkungan. Kalau di rumah mungkin pakai celana pendek kaus aja O.K., nggak mandi nggak apa-apa. Manfaatnya (di kantor) kita memang wawasannya lebih luas, lingkungannya lebih luas. Saya kira bekerja di rumah atau di kantor penghasilannya mungkin hampir sama. (Pendapatan saya per bulan) sekitar dua ratus, sering lebih, sering kurang.

Dari dulu saya kurang begitu suka organisasi sosial. Kalau sedang mood (ikut arisan) ya datang, kalau ndak ya ndak datang. Bangsanya yang gitu-gitu, nggak suka saya, nggak mau kumpul campur orang. Tidak tertarik (organisasi wanita). Dulu ada kegiatan di gereja tapi sekarang nggak. Saya nggak ada kegiatan apa-apa. Sibuk (bekerja).

Saya merasa sekarang itu mundur, kayak ibu-ibu jaman dulu. Pokoknya tugas saya sekarang merawat suami saya, anak-anak, saya membantu bekerja, doakan mereka, sudah. Saya punya idola seorang wanita desa. Beliau hampir limapuluh tahun mengabdi setia pada suami, tapi juga bekerja. Kerjanya berat, berjalan dengan membawa beban, bakul, dari desa sampai ke Yogya. Puluhan tahun, sampai anaknya SMP semua. Dia hanya wanita desa, tulus, sederhana, kayak imam Kristiani itu juga sederhana, tapi begitu mendalam. Padahal ibu itu buta huruf, jadi kalau doa itu hafalan. Saya merasakan sendiri, tidak terlalu muluk-muluk tapi ternyata putranya jadi orang semua. Putranya enam, yang laki-laki tiga jadi pastor semua, yang perempuan tiga. Putrinya, yang satu jadi suster, yang satu ikut bekerja di susteran, yang satu di rumah. Kadang saya menganggap dia ibu saya. Kalau di sana saya minta keloni.

Jadi mundur sekarang, nggak mau maju, seadanya. Pokoknya rapi bersih. Pada dasarnya dia hanya seorang wanita desa sederhana kok anaknya bisa jadi orang semua, punya kedudukan. 'Jadi orang' tidak harus kaya. Artinya hidup layak dihadapan Tuhan. Di mata masyarakat paling tidak punya wibawa, walaupun tidak punya pangkat. Soalnya kalau kita ndak punya pangkat, nggak punya harta jadi orang pinggiran, suara kita nggak pernah didengar.

Bu Rina

Saya masih muda sekali waktu menikah, umur tujuhbelas tahun. Suami saya masih tetangga, bahasa Jawonya 'nggo pek nggo'. Waktu itu saya belum (selesai sekolah) terus setelah menikah, setelah punya anak dua, saya sekolah lagi. Saya pindah ke sekolah baru, mulai lagi dari kelas satu. Setelah lulus SMA saya coba melanjutkan kuliah di Akademi Uang dan Bank (AKUB), tempat bapak saya. Saya baru semester empat, sudah hamil anak ketiga, terus saya memilih berhenti. Sebetulnya otak saya masih bisa untuk mikir, cuma kebutuhan di rumah tidak bisa saya tinggal. Kalau saya ndak kerja untuk kebutuhan sehari-hari ndak akan cukup.

Saya lebih cenderung ke bisnis, cari uang untuk tambah-tambah. Saya mikirnya sudah nggak karuan itu, 'Sesuk isa ngladeni anakku?' Anak saya masih kecil-kecil, saya cari kerja yang saya bisa kerjakan di rumah sambil mengasuh anak-anak. Dari dulu memang sudah senang (memasak). Saya masih SMP pernah diajari guru bikin kue dolar. Saya coba-coba bikin kue-kue, tapi baru kecil-kecilan, pakai kompor saja, saya titipkan di warung-warung, ternyata secara gethok-tular lama-lama banyak juga yang datang ke sini. Saya ingin mendalami, saya tekuni lebih serius lagi, beli oven yang kecil, ternyata lama-lama tambah besar. Kami menerima pesanan untuk pesta, resepsi, selamatan. Juga menyediakan buat yang keliling menjajakan roti, setiap pagi ambil sini, dijual, nanti sore setor. Soal makanan hanya membutuhkan modal kecil, bisa untung besar. Tapi memang membutuhkan waktu dan tenaga yang banyak.

Baru kira-kira lima tahun yang lalu saya ambil karyawan sampai sekarang, sebelummnya saya kerjakan sendiri. (Pernah ada pekerja) keluar terus buka sendiri. (Sekarang) pekerjanya tiga masih saudara (semua). Mereka kalau mau nyaingi agak pekewuh. Saya pulang dari kantor membantu memotong kue, karena memotong itu kelihatan mudah tapi sulit. Padahal itu sangat menentukan sekali, kalau nanti irisannya jelek kelihatan kayak roti murahan yang dijual di pasar. Padahal disini termasuk yang roti alus, kelas menengah.

Alhamdulilah saya bisa begini sudah bersyukur sekali. Ini suksesnya orang kecil, belum sampai konglomerat. Lumayanlah, dari kecil-kecilan sekarang ovennya dua. Memang sekarang bisa diandalkan dari roti untuk kehidupan keluarga saya dan pekerjaan saya sebagai anggota DPR itu secara kebetulan saja, paling cuma lima tahun, ndak bisa diharapkan selanjutnya.

Saya ndak pernah mencita-cita ingin jadi DPR. Kebetulan ada teman dari komisariat PDI coba-coba memasukan nama saya, ternyata saya ditari. Saya di DPR tingkat kabupaten, di Komisi C yang membidangi pembangunan secara fisik. Proyek yang wujud bangunan namanya Cipta Karya, pembangunan gedung sekolah dasar, sarana kesehatan misalnya pembangunan Puskesmas, lalu rumah-rumah tinggal kepala sekolah SD. Lalu pembangunan jalan dan jembatan namanya Bina Marga. Ada lagi irigasi, kita menangani yang tersier, saluran kecil-kecil yang di sawah. Jadi tugas saya di DPR sebagai alat kontrol pemerintah. Saya banyak meninjau ke lapangan karena proyek pemerintah (pakai) uang pemerintah dan uangnya rakyat, sehingga untuk (menjaga) kepentingan rakyat juga, mengawasi mutu gawenan. Kalau ditemukan ada yang tidak cocok kita bikin laporan ke Bupati. Ada tarif minimalnya harus masuk (kantor) empatbelas kali (sebulan). Syukur lebih. Malam saya mesti baca-baca bahan untuk rancangan peraturan daerah. Kalau nggak banyak membaca kita jadi patung.

Sekarang ada kesempatan ikut DPR, saya manfaatkan karena kesempatannya sulit masuk kesitu. Banyak pengalaman, banyak kenalan pejabat-pejabat. Seandainya saya diminta lagi saya masih bersedia, tambah pengalaman yang sangat mahal. Masih belum profesional karena waktu saya tersita untuk pekerjaan di kantor. Nanti kalau sudah nggak jadi di DPR lagi, saya punya rencana mau buka toko. Tempatnya yang dipinggir jalan, di dekat pasar sudah punya, sekarang saya kontrakkan. Tinggal ngumpulin modal.

Suami saya cuma SMEA. Dulunya pegawai negeri di Departemen Agama, terus minta berhenti karena penghasilannya kecil sekali. Habis itu wirswasta, jualan di jalan besar, ada bensin, ada rokok. Tapi suami saya rada kurang telaten, ndak bisa dijagakke, lama-lama langganan lari semua. Terus tahun 1985 suami saya berhenti jualan. Kerja dua tahun (sebagai) pemborong bangunan di kontraktor, terus setelah saya jadi anggota DPR dia malah minta berhenti.

Jadi saya sebagai pencari nafkah utama setelah saya di DPR. Walaupun dari dulu yang pokok saya. Dari suami saya itu sekedar membantu saja. Jadi untuk biaya pendidikan, biaya rumah ini, sehari-hari, pakaian dan sebagainya itu. Saya dari dulu ngrekasa, masih pengantin baru gaji suami saya nggak cukup, jadi saya mesti mencari tambahan-tambahan. Selama saya masih mampu, saya masih ingin kerja buat nantinya, jangan sampai saya nganggur. Nganggur itu nggak baik.

Kalau buka toko dua-duanya mesti kerja, suami saya di depan ngurus keuangan, saya instrukturnya di belakang begitu. Makanya kalau sekarang saya belum berani buka kalau nanti yang di depan nggak bisa pegang sendiri, khan riskan. Masaknya saya kira masih di sini karena kalau menurut orang Jawa tempat ini memang cocok untuk mencari rejeki. Di situ belum tentu seramai sini.

Kalau di Indonesia biaya hidup murah, apalagi Yogya mau beli nasi sama lauknya seratus perak sudah bisa. Jadi kalau uang penghasilan kira satu juta (rupiah per bulan) sudah lebih dari cukup. Pendapatan saya ndak mesti. Setelah di potong untuk pegawai, untuk pembantu, listrik dan sebagainya, bersih dari roti sekitar tiga ratus atau empat ratus ribu. Kalau DPRnya tiga ratus sembilanpuluh ribu rupiah. Tapi saya punya kewajiban. Setiap bulan saya ngangsur mobil, juga bayar asuransi Beasiswa Bumi Putera. Disamping itu saya mendatangkan guru les privat di rumah. Sebenarnya saya merasa, 'Itu juga tanggung jawab ibu untuk mendidik anak'. Tapi saya waktunya kadang ndak ada, juga kalau saya sempat membimibing sendiri, ndak sabar, kalau yang diajarin belum bisa-bisa saya gemis. Saya maunya anak-anak harus seperti saya, cepat bisa. Kadang juga saya lepas kontrol, keluar kata-kata yang sebetulnya nggak boleh dengan pelajaran anak-anak, misalnya 'goblok!' Malah anaknya jadi nggak mau belajar. Saya pilih ambil guru les. Anak-anak masih butuh biaya banyak, dan saya lebih mementingkan biaya pendidikan daripada, misalnya saya menimbun harta tapi anak-anak bodoh.

Saya menanamkan anak-anak supaya belajar dengan sungguh-sungguh, artinya mereka mesti lulus. Minimal SMA, syukur lebih. Sebatas saya bisa membiayai, saya akan menyekolahkan mereka sampai setinggi-tingginya, asal mereka masih berminat saja. Walaupun nantinya mereka akan kerja untuk bisnis atau kemana, terserah mereka, orangtua nggak boleh maksa-maksa. Saya mengharapkan anak-anak saya bisa berhasil dalam pendidikan, walau mereka nantinya pilih ke jalan yang mereka sukai. Kalau bisa jangan seperti saya, misalnya saya pendidikannya kacau. Jadi semua laki-laki (dan) perempuannya harapan saya sampai mereka bisa selesai kuliah, kerja baru menikah. Walaupun nanti yang dipilih itu isteri atau suaminya macam apa, saya nggak ada kriteria, terserah mau kawin sama siapa.

Orangtua saya tidak membedakan laki-laki dan perempuan. Saya diharapkan sekali agar jadi, paling tidak pakai titel, karena kesempatan untuk itu ada. Tapi ternyata saya sendiri nggak mau diarahkan, malah mendok ke wiraswasta. Saya juga ingin menerapkan pada anak saya, terserah mereka mau kerja di mana. Karena kalau mau berhasil dalam hal materi itu memang wiraswasta peluangnya lebih besar daripada misalnya jadi pegawai negri. Yang namanya wiraswasta itu gampang-gampang sulit. Misalnya anak saya, saya modali, mau buka toko apa usaha lainnya, tapi kalau anaknya itu nggak bisa ulet, nggak begitu berjuang untuk kemajuan usahanya itu, saya kira juga sulit. Kalau mereka merasa merangkap dari bawah, dari kecil-kecilan, rasanya sayang kalau nggak dikerjakan sungguh-sungguh. Tapi kalau dia tinggal menerima itu kurang prihatin kalau orang Jawa.

Biasanya orang yang bekerja di kantor lebih berwibawa, ada penghargaan, masyarakat sangat menghormati karena kedudukan mereka, misalnya jadi pegawai negeri. Walaupun mungkin hasilnya lebih besar yang wiraswasta tapi derajatnya lebih tinggi yang kantoran. Jadi kalau kita kepengin jadi orang yang punya kedudukan kita mesti banyak belajar. Yang kedua untuk memperlancar ya koneksi, walaupun katanya nggak ada, tapi masih.

Khususnya di Kota Gede sini wanita-wanita nggak mau nganggur, mereka walaupun kecil-kecilan mesti nyambi. Di sini banyak kesempatan, banyak perusahaan perak, perusahaan konveksi, pakaian jadi, sehingga mereka sambil di rumah bisa cari duit, ndak usah pergi jauh-jauh. Misalnya masangin batu bisa, bikin kardusnya, bikin makanan untuk dijual di pasar, terus njahit, ambil bawa pulang, nanti setelah jadi disetorkan. Terus ada lagi biasanya laki-laki yang kerja tapi sekarang sudah ada satu dua ibu yang jadi pengrajin. Makanya karena banyak kesempatan pekerjaan jadi mereka eman-eman kalau nggak kerja. Disamping bisa untuk nambah penghasilan suami, juga kalau dirinya sendiri ada kenapa-kenapa sudah punya uang sendiri.

Kalau sekarang rasanya berkat emansipasi itu kita sudah tidak seperti dulu lagi, jaman orangtua saya wanita itu 'kanca wingking', cuma di rumah masak. Saya kira saya sudah termasuk wanita berperan ganda sebagai wanita tapi juga fungsi sebagai kepala keluarga. Saya di rumah sudah usaha roti, diluar juga sebagai anggota DPRD. Saya dulu tidak bercita-cita menjadi wanita berperan ganda tapi karena keadaan, situasi dan kondisi yang menghendaki jadi saya mau tak mau harus bekerja, harus berperan ganda. Kalau baiknya saya kira ada juga artinya kita tidak statis, kita mesti memikirkan tentang masa-masa depan kita. Saya sebagai usaha roti saya mestinya memikirkan langkah yang akan saya tempuhi selanjutnya, misalnya sampai ke buka toko. Kita dituntut untuk bisa mengingkatkan materi untuk masa depan anak-anak. Juga misalnya saya sebelum menjadi DPR, saya tidak akan mempelajari masalah peraturan-peraturan, tapi sekarang mau tak mau harus belajar, baiknya kita tambah pinter, tambah luas wawasan. Kalau kita tidak mengikuti, bisa ketinggalan.

Lebih banyak baiknya dari yang buruk. Namun ada buruknya artinya kalau mereka memang berminat jadi wanita karir mesti bisa membagi waktu antara tugas dan kewajiban. Walaupun setinggi apapun jabatan kita, urusan rumah tangga nggak boleh ditinggalkan. Kalau sampai hanya mengejar karir, nggak pernah di rumah, nanti anaknya bisa jadi berantakan. Anak tidak hanya butuh biaya tapi mereka juga butuh kasih sayang, butuh diarahkan. Sekarang banyak anak-anak yang nakal-nakal, korban dari orangtua yang terlalu mengejar materi. Kalau si wanita tidak bisa membagi waktu, keluarga akan jadi beban, misalnya suaminya ndak pernah diurusin, akhirnya di luar main serong, anak-anaknya cuma mabok-mabokan, malah jadi rusak. Saya juga takut kalau anak saya seperti itu. Wanita harus berperan ganda karena mereka di rumah tidak ada yang menghidupi keluarga. (Yang lain) tidak harus ganda, cuma sampingan sebagai tambahan penghasilan di luar rumah.

Tingkat RT ada arisan di Dasa Wisma, terus Posyandu, kebetulan kegiatan menimbang anak di rumah ini, terus PKK Desa, wanita satu desa tetangganya kumpul. Di luar lingkungan sini saya ikut di Perwanas, Pergerakan Wanita Nasional, organisasi wanita yang bergerak di bidang sosial dan pendidikan. Untuk tingkat Kabupaten Bantul saya kebetulan sekretarisnya. Kami baru ngurusi Taman Kanak-kanak tiga, namanya TK Dharma Bakti. Walaupun orangnya kebanyakan dari PDI tapi kita memproklamirkan sebagai suatu organisasi sosial wanita yang tidak berafiliasi dengan suatu partai.

Mbak Asri

Saya itu dilahirkan dari keluarga kecil, orangtua saya dulu pendidikan tidak tamat SD. Orangtua saya mendorong saya sekolah setinggi-tingginya, cuma waktu itu banyak gangguan. Saya dulu dijodohkan, dari SMP (orang itu) udah tidur satu rumah. Waktu SMA konsentrasi sekolah udah nggak (ada) karena di rumah nggak betah, capai kerjaan, saya terus malas berpikir. Disamping itu saya udah pacaran, sudah ada jodoh yang menunggu saya. Saya dulu hobinya main voli, dia suka main sepak bola, (kalau) latihan bertemu di lapangan. Dulu dia lucu, suka bilang, 'Eh kamu udah mau punya suami'. Saya marah karena saya nggak suka sama yang dijodohin orangtua. 'Saya suka kamu', saya bilang, cuma bercanda dulu, tapi kok jadi. Mula-mulanya dia nyurati saya, kenapa saya juga mbalas. Nggak pernah jumpa, tapi kalau liburan dia pulang baru ketemu, saya harus nyelinap-nyelinap karena orangtua ndak boleh. Akhirnya saya melarikan diri, kawin sama dia tahun 1981, usia saya baru delapanbelas tahun, lulus SMA itu. Mulai awal hidup saya sama suami saya dari nol. Waktu itu saya belum memikirkan untuk membantu kerja. Saya udah berhenti dari bapak saya, tapi saya udah punya rekaman otak, suatu ketika saya harus bisa seperti ayah saya.

Waktu itu untuk makan pun pas-pasan. Saya punya pikiran kalau cuma habis untuk sekarang, nggak punya tabungan masa depan. Kebutuhan saya tercukupi dari gaji suami saya dari nglatih sepak bola, cuma (nanti) anak saya butuh pendidikan lebih mahal lagi, jadi saya harus siapkan dari sekarang. Saya bilang sama suami saya, 'Bagaimana kalau saya usaha kecil-kecilan untuk bantu, jadi nanti kita punya uang lebih, uang kamu bisa kamu tabung'. Akhirnya boleh (dan) saya jualan, bikin masakan rantangan untuk anak-anak kos, tapi ya capai. Punya modal lagi kita bikin toko kecil, tapi lama-lama nggak menghasilkan. Terus saya buka warung makan sama kelontong, (tapi) banyak yang ngutang, saya perhitungkan nggak ada hasilnya, akhirnya saya kembali membantu usaha ayah saya.

(Waktu itu) bapak saya usianya limapuluh tiga, saya pikir saya harus neruskan usaha bapak saya. Yang pokok usaha kita jual-beli tanah, rumah. Merembet-merembet saya jadi pelaksana bangunan, untuk orang lain saya melaksanakan dikasih sepuluh persen, limabelas persen dari harga total bangunan. (Tapi) saya usaha tidak suka patungan-patungan, umpama modal kita jadikan satu. Mungkin awal pertama baik tapi nanti suatu ketika ada gesekan-gesekan bisa pecah.

Kalau kakak saya perhias penganten, orangnya nggak lincah, salon nggak bisa dikembangkan. Saya berusaha terus, jangan nggak berkembang. Umpamanya saya punya dekor ini, otomatis orang sewa ke sini (tanya) 'Kamu punya kursi lipat nggak?', jadi saya kepengin punya, saya punya tabungan (dan) saya beli. Kursi lipat nyewa lima kali (dapat) Rp250.000. Dekor penganten sekali sewa Rp175.000, kalau pegawai negeri nggak ada hasil (segitu). Itu merembet nanti mungkin ada tenda, alat pesta, piring. Tapi langsung punya nggak baik, orang Jawa bilang kurang prihatin. Dengan berjuang kita lebih hati-hati.

Sudah takdir saya harus begini, saya dibilang perempuan tapi tenaga laki. Banyak sekali cita-cita saya, cuma harus bisa ngatur antara usaha, anak-anak, rumah ini. Benar apapun saya kerjakan yang penting uang halal untuk orang agama Islam, nggak karena jahat. Pekerjaan nggak ada putusnya walaupun kecil, saya terima. Kalau udah punya usaha besar, jangan melupakan yang kecil. Kayak kos-kosan untuk membantu ekonomi roda saja.

Saya bisa menampung tenaga kerja, yang di sini duabelas, di Jakarta lima, menolong mereka dengan gajinya, memberi pekerjaan. Sifat sosial harus ada, hasil jangan dimakan sendiri. Kayak tenaga saya, kalau hari Minggu kadang saya kasih seribu, seribu, 'Ini buat ngombe'. Kelihatannya kecil tapi besar bagi yang diberi. Kita harus perhitungkan hasilnya, kadang tenaganya kita peras, kesejahteraan nggak kita perhatikan, banyak sekali kasus buruh di Indonesia. Orangtua saya pesan, 'Kalau kamu menjadi sukses, jangan lupakan yang di bawah, jangan lupa sama orang kecil karena kamu juga dari orang kecil'. Umpama buruh sakit saya bawa ke dokter, dia nggak kerja tetap saya gaji. Yang kerja, saya, anak saya, walaupun dia di belakang, saya di dalam, makannya sama. Pakai ayam ya pakai ayam semua. Makanya dia betah di sini. Dia yang membantu saya cari makan, justru dia yang menghasilkan. Perasaan mbak duduk saja di rumah, dia yang kerja, saya dapat hasil karena saya dipercaya. Saya nggak mau cari ke sana ke mari, saya cukup di rumah orang datang sini. Dari mulut ke mulut, saya dapat nama dari bapak saya. Makanya namanya kejujuran, servis terus kepercayaan harus kita jaga.

Bapak saya (dulu) ingin saya sekolah setinggi-tingginya, tapi sekarang sudah syukur. 'Ternyata anak saya nggak sampai kuliah dia bisa meneruskan usaha saya, mengikuti jejak saya. Kamu harus terus, jangan kamu tinggalkan'. Itu jadi prinsip saya, jual-beli tanah, rumah nggak mungkin saya hilangkan. Macam dekor, pesanan makanan-makanan untuk sampingan. Yang pokok sekarang ini tanah, beli rumah terus jasa pelaksanaan pembangunan.

Kesuksesan saya belum lama, saya bisa menikmati kayak ini baru sejak anak bungsu saya lahir, empat tahun (yang lalu). Bapak melimpahkan ke saya, 'Kamu harus bisa sendiri'. Dulu saya masih tergantung orangtua, sekarang saya ambil langkah sendiri. Saya meniti karir pun sendiri karena dari kecil udah terlatih kerja. Saya kerja ndak pakai uang, saya modal kepercayaan, cuma mulut ini, 'Kalau bapak ibu percaya sama saya, bisa saya bantu', gitu. Lumayan saya bisa kumpulkan uang, mungkin kalau nggak gitu saya nggak bisa beli motor, nggak bisa sekolahkan anak saya. Mula-mula membantu, akhirnya jadi profesi.

Kebetulan pendapatan kita banyak saya karena saya nggak pilih-pilih pekerjaan. Hasil saya nggak tentu, tergantung gerakan saya. Kalau saya lihat memang porsi kerjanya lebih banyak saya, kerjanya *full* saya. Suami saya khusus pelatih sepak bola. Saya ngurus sawah, ngurus dekor, ngurus pekerja, ngurus anak-anak, banyak, sampai saya merasa 'Aduh, istirahat saya kurang'. Kadang saya ingin sekali istirahat, cuma kerjaan nggak bisa saya tinggalkan. Kecuali kalau tukang libur saya bisa libur, tapi kalau mereka libur kasihan, untuk makan kurang. Target saya (kerja) sampai anak-anak saya kuliah. Kuliah selesai, saya mungkin tetap kerja cuman porsinya sudah saya kurangi. Kalau usia tua saya masih bisa kerja ya saya kerja. Kalau saya tidak menargetkan jangka panjang atau pendek, cuma ada target satu tahun kerja itu saya harus bisa punya investasi, harus bisa memasukkan uang minimum berapa.

Kalau saya dulu bisa sekolah tinggi ya mungkin (bekerja) di kantor. Berhubung saya nggak sekolah tinggi ternyata saya bersyukur bisa bekerja di rumah. Nggak harus di rumah terus, pokoknya sehari-hari saya bisa di rumah. Anak-anak saya butuh pengawasan. Macam beginilah, saya kerja tapi pergerakan saya nggak kelihatan, saya ibu rumah tangga. Insya Allah saya menginginkan sekali punya semacam kantor di pinggir jalan, cuman sekarang saya belum punya uang untuk itu. (Kalau) punya kantor bisa mengatur dekor kayak ini kursi dan peralatan-peralatan. Cuma kalau saya punya kantor saya harus konsekwen, kalau saya di kantor otomatis saya harus meninggalkan rumah.

Anak-anak saya saya beri tahu, 'Kamu tahu ini menghasilkan uang, uang ini nanti terkumpul kamu bisa beli alat yang bisa kita sewakan juga, uang ini kita kembangkan'. Saya dari kecil anaknya orang nggak punya, makanya jangan sampai saya nggak punya, nggak punya itu menderita. Sekarang saya tinggal menjaga usaha, menjaga rumah tangga. Jangan sampai usaha saya sukses, rumah tangga saya berantakan. Banyak sekali wanita banyak usaha, keluarganya jadi berantakan. Saya harus bisa menyempatkan waktu untuk anak, suami saya. Kalau suami saya bilang, 'Kamu banyak keluar', berarti dia membutuhkan perhatian saya, (kegiatan saya) saya kurangi. Saya harus siap mengantar anak saya sekolah, pagi hari penting untuk memberi saran anak-anak, masih seger daya ingatnya. Saya nasehati, 'Kalau kamu ndak nurut sama Mama, ndak jalan yang baik, nanti kamu akan sengsara sendiri'.

Saya menyesal sekarang karena saya nggak sekolah tinggi, tapi tidak harus menyesali karena kalau kita menyesal nggak bakal kita maju. Cukup menyesal tapi kita berusaha menghilangkan penyesalan itu dengan cara lain. Harapan saya bisa menyekolahkan anak, sesukses mungkin sekolahnya, nanti nilainya lebih dari saya. Modal bisa hilang, cuma kepinteran, keahlian itu nggak bisa hilang. Saya memberi modal pendidikan supaya dipergunakan untuk kerja karena kalau hanya materi akan habis. Kalau anak saya mau kerja (dan) punya keahlian dia mudah, saya harus cari usaha sendiri tanpa kepinteran. Kalau sudah sampai ke universitas ada pegangan yang lebih, punya titel, orang akan percaya sekali.

Saya ingin sekali (anak mengikuti jejak saya) tapi saya nggak menekankan, 'Harus kamu mengikuti jejak saya', kalau dia berbakat ya, kalau nggak kasihan. Jadi kalau (mereka bilang), 'Ah saya pengin kerja di kantor', ya silahkan. Masalah pekerjaan tergantung nanti dia kerja di mana. Soalnya orang kerja ndak bisa ditekan, kalau saya tekan dia nggak suka malah nggak jadi. Saya menginginkan anak-anak saya selesai sekolah, bekerja baru menikah. Jangan seperti saya. Saya kasih tahu anak-anak saya, 'Jangan seperti Mama, kalau kamu kayak Mama sulit sekali nanti masalahnya taraf hidup (sekarang) udah lain, tuntutannya udah lain, dan perkembangannya juga udah lain, biar Mama saja yang mengalami ini semua'.

Kalau orang usaha kesulitan ada, risiko ada. Pernah ada orang beli tanah, berjanji sama saya, setelah dia dapat dia tinggalkan saya, padahal saya sudah membantu dari surat-surat. Tapi sampai sekarang alhamdulilah semua bisa saya atasi, belum pernah ada kasus sampai berat.

Kalau kerja di kantor waktu ditentukan, berangkat jam delapan, pulang jam empat, selesai kasus. Tapi di rumah perasaan pekerjaan saya nggak ada selesainya, sampai larut malam. Suatu ketika orang membutuhkan, malam pun saya berangkat. Kalau orang di kantor waktu istirahatnya ada. Kalau saya nggak tentu, kadang istirahat terus, kadang sehari pergi nggak pulang.

Kalau istilah wanita berperan ganda (artinya) sebagai kepala rumah tangga (dan) sebagai ibu rumah tangga saya nggak mau. Saya dibilang peran ganda mau tapi sebagai seorang wanita usaha dan sebagai seorang ibu rumah tangga. Saya punya suami memberi nafkah sama saya, cuma saya nggak mau nganggur. Wanita berperan ganda ada nilai lebih dibandingkan dengan peran ibu. Kalau peran ibu sebagai ibu rumah tangga saja, tapi kalau kita bisa berperan di hal yang lain, kita punya nilai lebih.

Saya ikut perkumpulan di masyarakat, saya dimintain bantuan kalau saya mampu saya kasih. Di sini saya jadi pengurus Rukun Wanita daerah sini, saya pegang seksi arisan. (Tapi) saya belum mengikuti macam organisasi kewanitaan, macam Organisasi Wanita Pengusaha Indonesia, nanti (terlalu) banyak kegiatan. Tingkat kedusunan saya mengikuti arisan-arisan, saya jadi anggota saja. Yang penting saya mengikuti kemasyarakatan, gotong royong. Di sini saya mengenal yang hakim tinggi, yang profesor, dokter, yang insinyur, pengusaha. Jadi komunikasi bisnis saya di organisasi rukun wanita itu, saya tidak perlu pasang iklan apa-apa, cuma dari tetangga, 'Oh itu Bu Asri bisa ini, itu'.

Bibliography

Abuhanifah, 1988 *Beberapa Hambatan Partispasi Wanita Dalam Pembangunan,* Badan Penelitian dan Pengembangan Sosial (*Balitbang*), Departemen Sosial Republik Indonesia, Jakarta.

Banerjee, Nirmala, 1985 *Women workers in the Unorganised Sector,* Sangam Books, Hyderabad (India).

Berninghausen, J. and Kerstan, B. (eds) 1992 *Forging New Paths: Feminist Social Methodology and Rural Women in Java,* Zed Books, London.

Government of Indonesia, 1991a *Buku Saku Statistik Daerah Istimewa Yogyakarta,* Kantor Statistik Propinsi D.I.Y., Yogyakarta.

—— 1991b, *Statistik Indonesia 1991,* Biro Pusat Statistik, Jakarta.

—— 1992a, *Indikator Sosial Wanita Indonesia,* Biro Pusat Statistik, Jakarta.

—— 1992b, *Keadaan Angkatan Kerja di Indonesia,* Biro Pusat Statistik, Jakarta.

—— 1994, *Keadaan Angkatan Kerja di Indonesia,* Biro Pusat Statistik, Jakarta.

Hull, Valerie, 1976 *Women in Java's Rural Middle Class: Progress or Regress?,* Paper prepared for Fourth World Congress For Rural Sociology, Poland, 9–13 August.

Ihromi, Tapi Omas (ed), 1990 *Para Ibu Yang Berperan Tunggal Dan Yang Berperan Ganda: Laporan Penelitian / Kelompok Studi Wanita, FISIP - UI,* Lembaga Penerbit Fakultas Ekonomi, Universitas Indonesia, Jakarta.

Ihromi, Tapi Omas, S. Suryochondro, and Soeyatni (eds), 1991 *Kisah Kehidupan Wanita Untuk Mempertahankan Kelestarian Ekonomi Rumah Tangga: Kajian Terhadap Wanita Golongan Penghasilan Rendah dan Menengah,*

Lembaga Penerbit Fakultas Ekonomi, Universtias Indonesia, Jakarta.

Jellinek, Lea, 1977 *The Life of a Jakarta Street Trader*, Working Paper no. 9, Centre of Southeast Asian Studies, Monash University, Clayton,.

—— 1978 *The Life of a Jakarta Street Trader - Two Years Later*, Working Paper no. 13, Centre of Southeast Asian Studies, Monash University, Clayton.

—— 1991 *The Wheel of Fortune: The History of a Poor Community in Jakarta*, Asian Studies Association in association with Allen & Unwin, Sydney.

Lucas, Anton (ed), 1986 *Local Opposition and Underground Resistance to the Japanese in Java 1942-1945*, Monash Papers on Southeast Asia no.13, Centre of Southeast Asian Studies, Monash University, Clayton.

Manning, Chris, 1993 'Examining Both Sides of the Ledger: Economic Growth and Labour Welfare Under Soeharto' in C. Manning and J. Hardjono (eds), *Indonesia Assessment*, Department of Political and Social Change, Australian National University, Canberra.

Murdiati, Ganis D., Sabariah, and Sabekti K. (eds), 1897 *The Women of Indonesia*, Department of Information, Republic of Indonesia, Jakarta.

Oey, Mayling, 1985 'Perubahan Pola Kerja Kaum Wanita di Indonesia Selama Dasawarsa 1970: Sebab dan Akibatnya', in *Prisma*, no. 10.

Oey-Gardiner, Mayling, 1993 'A Gender Perspective in Indonesia's Labour Market Transformation', in C. Manning and J. Hardjono (eds), *Indonesia Assessment 1993*, Department of Political and Social Change, Australian National University, Canberra.

Simanjuntak, Payaman J., 'Manpower Problems and Policies', in C. Manning and J. Hardjono (eds), 1993 *Indonesia Assessment 1993*, Department of Political and Social Change, Australian National University, Canberra.

Sullivan, Norma, 1990 'Gender and Politics in Indonesia', in M. Stivens (ed), *Why Gender Matters in Southeast Asian*

Politics, Centre of Southeast Asian Studies, Monash University, Clayton.

Williams, Walter (ed), 1991 *Javanese Lives: Women and Men in Modern Indonesian Society*, Rutgers University Press, New Brunswick.

Yayasan Perempuan Mardika, 1991 'Women, Rise!' (editorial), in *Mardika*, Jakarta, October.